共创伟大公司
成长型组织

GREAT CORPORATION BY CO-CREATION
THE GROWTH OF THE ORGANIZATION

周华宏 著

复旦大学出版社

目 录

序言 // V

第一篇　共创之道

随着中国经济转型与调整，不少企业陷入发展瓶颈，面对竞争加剧、资源匮乏、产能过剩、成本上升、创新乏力、人才缺失等困境，企业家和领导者开始深入反思企业持续发展的经营之道。成长型组织以其独有的理论、方法和工具，帮助企业家和高管团队回归初心，以人才发展为根本，通过"共创组织、共创战略、共创绩效"建立伟大的公司。

1　共创组织 //003
  1.1　共创哲学 //004
  1.2　组织法则 //011
2　共创战略 //015
  2.1　战略误区 //016
  2.2　成长战略 //021
3　共创绩效 //026
  3.1　人才驱动 //028
  3.2　双轨绩效 //030

第二篇　共创组织

伟大的产品和服务很少造就伟大的组织，只有伟大的组织才会创造伟大的产品和服务。组织的根本是人，没有人的成长就没有组织的发展。成长型组织以人的成长为起点，通过激活组织动力、夯实组织能力，打破人才水平流通的边界和垂直发展的通道，突破阻碍人才发挥空间的机制，激发组织活力，共创伟大的组织。

4　组织动力　//038
　　4.1　员工驱动　//040
　　4.2　内部创业　//044
　　4.3　文化引导　//046

5　组织能力　//056
　　5.1　组织结构　//058
　　5.2　核心能力　//061
　　5.3　赋能授权　//063

6　组织活力　//068
　　6.1　晋升通道　//069
　　6.2　绩效考核　//072
　　6.3　激励机制　//075

第三篇　共创战略

伟大的战略离不开卓越的业务团队。随着市场份额、品牌、传统产品的迭代更新，唯一具有竞争力的是业务团队。每个人都是经营者，唯有以业务战略为起点的经营战略才能构建持久的竞争力。共创战略通过经营人才、经营客户、经营产品来实现组织的可持续成长。

7　业务战略　//079
　　7.1　人才线　//082
　　7.2　客户线　//091
　　7.3　产品线　//101

8　经营战略　//109
　　8.1　收入增长　//111
　　8.2　利润提升　//124

9 战略地图 //135
    9.1 战略目标 //135
    9.2 战略措施 //140
    9.3 战略负责人 //146

第四篇 共创绩效

以互联网为背景的草根崛起时代，只靠少数才华横溢的领导者，无法替代大量普通管理层的卓越贡献。领导者不承担，员工无成长，绩效的本质是人才培养，伟大的领导首先是优秀的教练，成长型组织通过三层绩效辅导系统，持续地进行人才辅导、行动跟进和绩效对话，帮助所有的伙伴在失败中学习、在反馈中成长、从成长中升华。

10 绩效目标 //157
    10.1 绩效指标 //159
    10.2 目标值 //161
    10.3 增长预算 //165

11 绩效行动 //167
    11.1 目标分解 //168
    11.2 行动计划 //171

12 绩效跟进 //173
    12.1 跟进系统 //173
    12.2 跟进要点 //176
    12.3 跟进技巧 //182

后记 //206

参考文献 //211

序　言

一

本书始于一个问题，而非答案。20年前的一个冬天，当我第一次认真阅读《中国企业家》杂志，看到其中所呈现的中国企业及企业家的现状时，我深刻地感受到，一个国家的综合实力取决于这个国家中企业的实力和企业家群体的综合素养。可以说，中国要崛起，就必须有一批批优秀的企业崛起；如果没有健康的企业及企业家群体，就没有强劲的经济增长。

我开始问自己：企业组织持续成长的动力和方式是什么？

回望过去，多少企业起落变迁，能够真正长久不衰的公司少之又少。就像《中国企业家》杂志的封面人物，"30年河东，30年河西"；福布斯排行榜和一些畅销书中提到的一些知名公司，更像是秋天的落叶，随风而去。

特别是近年来，面对全球范围的经济增长不力、中国经济增速放缓、产业发展持续低迷、技术迭代更新、竞争变化莫测、原材料和人工成本持续上升、生产力水平长期无法突破、资产回报率持续递减等趋势，企业该如何深刻洞察其背后的本质，思考这些变化对于企业和行业所带来的影响，抓住前所未有的机遇，通过"创新驱动、转型发展"实现异军突起，已成为迫在眉睫的时代命题。

尽管管理类书籍浩如烟海，然而并没有几本真正来自中国企业实践的一线，即使有，或流于经验总结，或失于支离破碎，无法提供系统化的框架帮助企业整体反思，实现长治久安。

本书就是以中国企业为主要对象，深入探索中国企业的组织发展之道以及中国企业战略绩效管理实践中所涌现出来的新问题和新经验，帮助企业家和管理团队能够清晰地看到创建一家伟大公司的商业定律。所谓伟大的公司，不是看其规模大、利润高，而是看其能否实现可持续增长，创造客户价值，实现企业成员的快乐成长。

写作这本书，源于我多年来深藏于内心的三个强烈愿望。

- 揭示伟大企业持续成长的内在规律，帮助具备企业家精神的个人和团队建立伟大的公司；
- 洞察中国企业快速发展带来的管理新现象，构建组织发展新理论，创造具有本土特色和全球视野的管理学新方法和新范式。
- 系统总结和提炼企业成长的思想、哲理与架构，以帮助企业家和管理者快速了解和掌握一套行之有效的企业管理方法论。

管理理论的产生不可能由清谈者在"象牙塔"里凭空产生，特别是《共创伟大公司——成长型组织》这样实操性很强的管理课题，不仅需要能够扎根于企业的实践和管理务实，同时需要投入足够的时间和精力进行深度反省和总结。通过广泛阅读和思考，并在深入企业实践20年之后，我尝试着总结一套真正贴近中国企业本土实践的组织发展和战略绩效管理的理论、方法和工具。

本书旨在建立"以人的成长和培养为根本的组织发展理论",详细阐述企业在不同阶段的组织、战略和人才的动态发展过程,深度展示企业组织发展和战略绩效的核心思想:利他共创。

所谓共创,主要指的是"人与人"之间的"软性合作关系",包括客户、员工、股东、供应商、合作伙伴等所有生态相关者之间,以利他合作的思维共创组织、战略与绩效。有别于以财务为基础的战略管理或绩效考核思想,共创更加关注的是组织发展和人才培养(图1)。

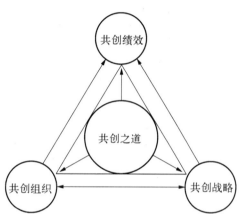

图1 以人才发展为根本的共创架构

二

本书涵盖内容较多,整体按照共创伟大公司的教练架构(图1),分为4篇12个章节,其中第一篇是思想篇,第二、三、四篇是实务篇。主要内容简述如下。

第一篇:共创之道。伴随着互联网和全球化所带来的变化和挑战,组织要如何创新才能带来卓越绩效并获得可持续发展,已经成为企业家和创业团队共同关注的话题。员工觉醒、客户主导、跨界创新、资源整合等新变化,让我们不由得重新审视组织存在的目的和意义,无论我们是否接受,组织已经成为生态系统的一部分。

"以人的成长为起点"的共创之道,引领我们重新反思商业组织的目的和意义——不仅是制造产品、提供服务的机构,更是培育人、发展人和实现人生价值的平台。本着以"共创始于赋能、关系决定生产力、合作大于个人"的共创之道,本书致力于通过组织发展来实现不同阶段的战略突破,重塑组织与员工的合作关系来进行生产力的创新。

第二篇:共创组织。成长始于赋能,唯有伟大的组织才能设定并实施不同阶段的战略。纵观那些没能成功实现战略增长目标的企业,绝大部分的问题根源不在外部,而是源于内部。身处当下极度不确定的环境中,企业能否持续保持创业初期快速响应和灵活度、始终保持创业者的动力和精神,能否激发所有组织成员的活力、持续提升组织能力,已经成为企业能否应对内外部危机并成功转型和升级的关键。

面向未来,伴随着"草根崛起、群体智慧""利他而生、相伴成长""边界消失、开放联结"的泛在互联的大趋势,呼唤着组织方式的持续进化和迭代更新。共创组织遵循"一生二、二生三、三生万物"的古老规律,指引企业通过激活个体动力,踏上从个人 A^+ 到团队 All^+ 到 A^+ 公司的组织共创历程。

第三篇:共创战略。组织先于战略,随着知识社会的兴起,人才已经成为竞争力的真正来源,一个企业能否在全球化竞争中胜出,关键取决于组织整体的人才培养和发挥程度。

共创战略在共创组织的基础上,把每个人都看作一个业务中心,以"人的成长"为出发点,通过激发每个人的内在动力,积极主动地与客户和供应商进行"利他共创的源创新",坚持持续发展业务战略的三条生命线——人才线、客户线和产品线,从而实现真正的"创新驱动"。特别在不增加资源投入或者减少资源投入的情况下,通过激发业务团队中每个人的聪明才智、充分发挥团队共创的智慧,增长收入和提升生产力,以实现收入和利润的双增长。

与传统战略思维中过于"财务和市场导向、资源驱动"不同,战略共创更加关注的是"组织先于战略,绩效始于人才",通过业务团队的持续学习与成长来实现业务的创新和发展,而财务和市场只是团队共创的成果之一。

第四篇:共创绩效。绩效源于人才,人才来自实践。传统企业组织机构自上而下金字塔式的官僚化模式,造成了组织规模庞大、层级过多、职权集中、边界严格、效率低、应变迟缓、沟通受阻等不良现状,严重阻碍着组织创新和抑制了员工的主动性。共创绩效突破传统管理者和与员工之间的边界,发展出领导与员工及同盟者之间新的伙伴关系,在这种平等互信的伙伴关系中,战略绩效不再是来自上级领导的单边驱动,而是源于一线员工引领、领导配合、组织支持的共同创造。

共创绩效特别从组织角度分析了长期战略绩效与人才发展之间的相互关系,通过定期持续的战略绩效工作坊来反思当下企业发展的瓶颈和障碍,并在过程中采用古老而有效的深度对话模式来帮助领导者和团队突破思维、创新行动、培养人才、发展组织。共创绩效"先培养人再考虑绩效"的核心理念引领着组织在完成绩效的过程中持续学习与成长,再通过人的成长来成就企业的良性发展。

三

本书的主要对象是创业者和正在创业路上具备企业家精神的人们,其中包括成长型企业的企业家、董事长、总经理、高层经理、管理专业的学生或立志成为管理者的年轻人或成熟的管理者。书中所论述的观点和方法我都亲自做过检验，而且现在我还在各种不同行业和不同阶段的企业进行完善，书中的例子很多都源于鲜活案例。在过去的20年中，我几乎每年有200天出现在不同企业的一线，从生产车间、研发实验室到董事会，每天都会参与和关注那些发生在各地公司当下的真实故事和案例，我与其中的许多公司已有长期的接触，有很多已经超过10年，甚至15年。书中所提出的组织可持续发展的理念、方法和工具正是我亲身实践或归纳总结出来的；基于对客户负责的考量，书中的案例都经过简单的加工和梳理，没有透露具体的业务、规模、地点、产品、人名和公司名称。

写这本书的初衷，就是希望用通俗易懂的语言把成长型组织的核心思想以及企业发展的关键点讲清楚，提供实用工具以改进商业实践。与其他管理著作不同，本书再现了本人与众多中小型企业共同成长的心路历程和成长型组织理论提出的探索过程，我相信，这些经验和思考对于中国企业会有所启示。

成长没有尽头。在交付出版的那一刻，我就充满期待，如果能够得到读者诸君的建议和意见，才是真正激动人心的共创盛举。

·→ 第一篇 →·
共 创 之 道

"未来企业的成功之道是聚集一群聪明的创意精英（smart creative），营造合适的氛围和支持环境，充分发挥他们的创造力，快速感知客户的需求，愉快地创造相应的产品和服务。"

——谷歌前 CEO 埃里克·施密特

随着中国经济转型与调整，不少企业陷入发展瓶颈：竞争加剧、资源匮乏；产能过剩、成本上升；创新乏力、人才缺失……面对困境，企业家和领导者开始深入反思企业持续发展的经营之道。展望未来，企业竞争与发展的根本在于创新驱动，而创新的主体是人才，人才的关键在于人才培养，没有人才的培养和发展，就没有企业的可持续发展。可以说，企业间的竞争，归根结底不是人才的竞争，而是人才培养与发展的竞争。

以人才发展为根本，从个人 A^+ 到团队 All^+，通过团队领导团队，实现 A^+ 组织，这就是成长型组织的共创之道，其中包括三个重要部分：共创组织、共创战略、共创绩效。

1 共创组织

传统组织理论认为，个人是一个组织的基本单元，所以，着重于对个人的研究，往往忽略了群体或团队的问题，更忽略了团队发展的问题[①]。长久以来，以岗位为中心的硬性思维，已经开始阻碍组织的健康发展，导致个人和组织的对立。

激烈的市场竞争让企业组织不得不将注意力转移到软性的团队，可以说，如果企业组织再不注意团队合作和团队的发展，其战略就无法顺利进行。即使每个合适的岗位上都有合适的人，除非大家能齐心协力，否则公司仍然没有达成目标的优势。

团队发展远比个人发展复杂得多，不仅因为企业对团队发展方面的知识有限，而且团队的行为习惯改变也充满挑战。例如，传统企业战略几乎只是由 BOSS 或 CEO 一个人做主，或只和少数几个人商量做出决策，然后通过命令或控制的手段把战略自上而下单向传输、层层分解，这种决策模式几乎没有发挥团队共创的力量，结果也可想而知。

共创组织则不然，它以团队为基础，通过团队合作、组织协同共创，

---

① 道格拉斯·麦格雷戈：《行为科学与管理》，北方妇女儿童出版社 2017 年版，第 242 页。

用团队领导团队来实现赋能授权—激发动力—共创组织的壮举。

共创始于赋能，赋能不同于考核或激励，激励偏向于事成之后的利益分享，而赋能强调的是激发伙伴的兴趣和动力，给予挑战，即通过环境的改变，给予人积极能量。赋能于人，是让"组织人"有一种内在的控制感、效能感、力量感，以创造力、洞察力和对客户的感知力去达成挑战性的目标。与激励相比，赋能更依赖文化，赋能不仅让人们学会自主地控制自己的行为，还会影响他们积极参与到组织活动中来。

共创与其他任何发展一样，不仅需要时间和过程，还需要建立一整套的共同语言和共同文化，我们称之为共创哲学和组织法则。

1.1　共创哲学

任何有组织的活动要想成功推行，都有赖于个人之间的高度配合，这样才能将个人力量团结起来。但是，既然是高度合作，需要团结成一体，那么个人自由就必须受到限制，个人能力的发挥也会受到影响，这就是组织悖论。

卓越团队的伟大之处在于同时选定两个截然相反或相对的现象，突破非 A 即 B、非黑即白的极端思维，系统考虑、统筹兼顾，将看似对立的因素如标准化与创新、战略与执行、短期绩效与长远人才、个人自由与组织一致等高度结合，实现"A+B"的共创发展。共创的有效性和可行性在于企业能多大程度上贯彻以下管理哲学和组织原则。

1. 关系决定生产力

我们不得不承认，有人就有冲突。团队中必然有不同的特性，如个人与个人之间的差异、团队与团队之间的差异等；面对差异，是分而治之、压抑个人差异，还是整合个人差异，平等协作，结果迥然不同。当团队彼此信任时，人们不再压抑差异，而是即使存在不同意见，依然自觉自愿地为共同目标而奋斗。

管理大师德鲁克先生曾说："知识工作者不是下属，他们是合作伙伴。组织不能由老板和下属组成，而必须是一个有机的团队。组织的内部结构必须由等级和权力，变成相互理解和责任。"

有了相互信任和相互支持，很多问题便会顺利进行。相互信任的程度越高，领导者越有授权给团队成员的诚意，成员之间也会相互授权。于是，我们就会在团队中听到这样的话："你做出怎样的决策，都是合理的。"当一个团队培养出健康的气氛之后，平时所需要的会议可以大为减少，因为相互默契和自我驱动。

通常，管理层总是愿意投入时间和精力去训练和发展组织中的经理人，却很少发展团队，他们不知道，团队的发展也同样有助于个人的发展。实际上，团队的一个奥秘在于，团队关系的力量极为强大。尽管人人都知道"一根筷子容易被折断，十根筷子牢牢抱成团"的常识，但在实践中却很难看到这样的行动。

领导者的角色转变是团队发展的开始。在真正的团队关系中，领导者扮演着关心、理解和陪伴的角色，严格遵守"三不原则"：不代替、不逃避、不责怪。不代替主要是让伙伴自己承担起思考和行动的责任，客观看待伙伴所面临的情况，进而提供当下所需要的支持和挑战；不逃避是帮助伙伴并和伙伴一起直面当下所遇到的问题和事实，并最大限度地突破自我，持续创新达成目标；不责怪，是指无论当事人的选择或结果是什么，都愿意接受事实并相信当事人已经尽全力。

领导者的这些转变并不容易，然而，一旦开始，神奇的力量就会爆发。在我辅导企业的过程中，由于长期合作所形成的伙伴关系，使得我们无话不谈。在每次工作坊或一对一辅导中，都有机会聆听到彼此真实的心声，绝不会因为话题敏感或困难而把问题掩盖起来。这种心意相通的深度对话不仅能够碰撞出智慧火花，更重要的是建立起稳固的身心纽带，将共同成长的基因植入组织。

2. 视角决定内容

传统组织过于看重一致和服从，想办法消除冲突。共创组织则看重不同的视角，视冲突为成长机会。

冲突总是源于个体差异。不同的感知、性格、认知能力塑造着个体的视角。盲人摸象的古老寓言诉说着人性的固执。事实上，虽然我们无法改变事情本身，但可以调整看待这件事情的角度；即使我们无法改变他人，但是可以调整自己面对他人的态度，如此，冲突便会化解，个人得到成长。

比如，情绪宣泄就是一个棘手的难题。如果你强压怒气，通常会肝火更旺。智慧的做法是，通过自我觉察，了解到伤害我们的不是他人，而是自己的烦恼，身处烦恼之中，便失去了自主。通过他人的引导，你将意识到，重要的不是我们拥有什么，而是成为什么，这样的视角转换，足以让你成就卓越的自己。

与他人对话，我们将有机会调整自己看待事情和他人的视角。"不识庐山真面目，只缘身在此山中"，很多时候，不是我们的能力不够，而是无法突破视角的局限，深陷其中。所谓"能量流向注意力的焦点"，说的就是这个意思。比如客户视角，往往就是企业的发展机会，员工视角常常是管理者的成长机会。拥有多维视角，为自己开创了新的空间和自由。

无论是谁，最难也是最重要的一步，就是从"以自我为中心"的视角中走出来，只有当你放下自我时，才关注到他人的存在，欣赏他人的长处，从而实现合作共赢。

3. 人上磨，事上练

如果缺乏对人和人性的关注，就会忽略企业的文化、价值观、领导者的动机和企业掌舵者的内在动力——这些因素恰恰是组织成长的最大变量。人才即优势，没有人才，业绩便无从谈起；传统组织视员工为可以替换的资源，而共创组织则视员工为企业最大的资本，团队难以替换。要想成就伟大公司，必须关注人性、关注人心、关注人的成长。

伙伴关系中的关注点在人，而不是事。领导者应该通过事来成就人，而不是通过人来完成事。《曾子》有言："用师者王、用友者霸、用徒者亡。"用人方式决定着最终的成就。我们认为，用人的最佳方式莫过于给对方提供成长和发挥的机会，特别分配对方到艰苦的环境去执行挑战性的任务。

有一家传统制造企业，在经过三年的战略绩效工作坊之后，发现自己过于关注业务而忽略了人才的培养。在业务下滑的时候，为了省钱，更是大幅减少了对人才的培养，特别是对关键岗位和核心人才的发展，仅仅停留于想法和口头，没有真正的行动，时间一长，导致人才结构无法支持公司战略。

得人才者得天下。所谓"以人为中心"，不仅需要在企业中推行崇尚人性、尊重人性的价值观，更要采取切实有效的激励机制奖励贡献者，打通人才发展的通道。同时，企业应基于未来的发展对人才进行前瞻性的布局，实施"春笋人才计划"或"雏鹰人才计划"等项目，让人才发展超前于业务需要。眼光长远者，甚至与供应商和客户建立战略性合作伙伴关系，帮助对方培养更多的人才。

通过人才成长和组织发展来获得绩效的持续增长，是共创组织的核心哲学。它将战略绩效的起点由财务结果推向最前端：人才是第一生产力。只有人得到发展，绩效才能持久。

4. 过去不代表未来

过去不代表未来，在个人成长中，我们必须学会"基于未来看现在"和洞察"已经发生的未来"。成长是创造未来，而不是改变过去。

正如一位年轻的总经理所说："我们的年度总结和反思虽然很严苛，但并不代表我们过去做得不好，而是因为我们内心有更远大的追求，从合格走向优秀。"

自我否定需要勇气，更需要智慧。人生起伏，事业起落，此事古难全。然而，鲜花和掌声谁都可以面对，挫折和困境却不是每个人都能承受。教练深信过去不代表未来，致力于引领当事人面向未来，从过去的失败中吸取教训、总结经验，创造卓越绩效的正确思维和高效行为。

稻盛和夫说过："实现目标犹如登山，而能力的提升是一个动态的过程，永远不要让现在的思维限制对未来的思考。"在设定目标时，一定要设定超过现在能力之上的目标，不少企业安于现状，只求渐变不求突破，长此以往必定落伍。如果说历史可以照见未来，那么今天看似最冒险的行动放在几年之后，也就不会显得那么疯狂了。

5. 重结果，更重过程

在《教练管理》这本书中我曾提出，管理就是透过他人并和他人一起达成组织目标的过程。主题工作坊作为团队成长的有效方式，它以年度、季度、月度、周甚至天为单位，持续、定期以战略绩效为导向，以人的成长为目的，实现绩效增长与人才成长同步发展。

要成长必须下足功夫，让每个员工、团队一点一滴地改变信念、感受或行为。成长需要时间，也是一个组织过程，在这个过程中，团队成员开始合作起来，合作的力量并不仅仅是为了组织的利益而达成目标，还可以获得更多的学习和知识。事实上，战略目标达成是一个将目标、过程和绩效交织在一起创造性过程，组织成员参与到创造性的对话之中，找到能够优化组织价值的独特机会，帮助组织开发新的想法和尝试能够增加价值的不同做法。

从战略到绩效的过程，是任何企业为了创造可持续成长的绩效所必须执行的战略任务。教练可以帮助企业家和管理团队让这些任务具有条理性，领导者可以系统地、有目的地和有意识地执行这些任务，成功率就会大幅提高。比如，在设定战略绩效指标的环节，教练可以通过深入对话和思考，帮助企业领导者厘清各种指标的权重和优先顺序，让他们"知其然并知其所以然"。

实际上，企业的管理者过于忙碌今天的事，没有时间关注和思考未来，结果，不仅公司缺乏战略，而且领导者也缺乏创造伟大公司的洞察力和雄心壮志。

6. 始于个人，成于团队

一个人可以走得很快，大家一起才能走得更远。传统组织中，每个人只关心自己的职责领域；而共创组织，倡导整体意识、团队精神和伙伴文化。让一个人向前移动一千英尺，不如让一千个人一次向前移动一英尺，这便是团队共创的力量。团队共创体现为一种支持信任的对话氛围和协商机制，激发每个参与者的智慧，同时延展深层的关系联结。

在2015年度的战略绩效工作坊中，H集团下属子公司的总经理说："在团队中，我们的很多绩效指标是相互捆绑的，要想每个人每个指标都做得很好是非常不容易的。我们要学会相互欣赏，彼此信任，即使对方没有做好，我们需要问的是，我能做些什么？我还可以做些什么能令对方做得更好？如果我们每个人的内心都能这样提升，那么我们之间的抱怨就会减少，我们的合力就会增加，我们长远的、跨部门的战略绩效指标就会完成得更好，毕竟只有团队合作才能创造个人无法完成的指标。"

每个企业并不缺乏好的想法，缺乏的是让好想法凸显并且产生价值的机制。团队共创提供了最为可靠的方式：把好的想法，通过高效的对话，从了解、理解到达成共识，驱动创造性的行动。有一些基本规则可以确保团队共创的效率，比如"来了就得说，说就说自己；谁说谁做，做就做到位"，有助于形成相互尊重、开放合作、挑战支持、客观中立、实事求是的文化。只要持之以恒，共同成长的卓越团队就能产生。

7. 失败与成功都有意义

成长不止于知识、技能的提升，更重要的是心智的成长、态度的改变、情商的提高。

由于外部环境的剧烈变化，组织所面临战略问题的复杂程度陡升。"无成长，不成功"，正如华为一直强调：没有成功，只有成长。追求完美、忍受失败，从错误中学习、从失败中成长，唯有正确面对成功和失败，持续自我更新，不断变革转型，公司才能持续发展。

在一次年度主题工作坊中，K集团CEO经过三天会议后，深刻反省说:"每个人的成长都是痛苦的,就像每天早上的拉腿练习一样,每次拉伸都会很痛,但只要你停止了练习,你就停止了成长。因此,在成长中要勇于面对问题、解决问题,有问题才有机会,走出去可以创造机会,而打破舒适区就是成长的开始。"

我们对主题工作坊会采取如下原则:谁做谁说,谁说谁做。解决问题不是向外部顾问求助,本人才是解决问题的源头。在教练和团队伙伴的帮助下,个体可以直面问题和挑战,通过自身力量找到解决方案,这一过程将让个体的成长突飞猛进。

经过多年实践,很多客户已经自觉地将主题工作坊作为解决战略问题和完成战略性目标的强有力的方法。主题工作坊运用团队共创的方式,让团队成员从整体而非部分、关联而非线性地角度寻找真正的问题,采取关键的行动,创造性地完成战略性目标。

诚如稻盛和夫所说:成功和失败都是一场修炼。共创的意义在于:团队成员比孤家寡人有更多的能量和机会得到成长,突破自我。

1.2 组织法则

组织共创的主要方式是团队共创。那么团队共创的有效性如何?对这一问题的解答,需要回到共创的方法论。团队共创的有效性植根于三个独特方式:具体归纳、主题共创、定期持续。

1. 具体归纳

具体归纳,主要是运用归纳法,在与对象持续互动的过程中找到问题、思路和对策。

团队共创本身没有既定答案，而是基于现场、尊重事实、一线创新、具体问题具体分析，把当事人的能力提升到一个新的更高的层次上。教练通过与当事人的充分对话，包括聆听、发问和反馈，帮助对方把复杂的难题进行分解，然后从最简单、最容易认识的对象开始，一点一点逐步上升到对复杂对象的认识。在此基础上，通过详细列出和问题有关的事实，然后对每一个列出的问题进行深入研讨，直到对问题有具体的解决方法为止。相较于以往基于经验的辅导方法，教练所运用的归纳法更关注教练对象的具体性、特殊性，因而也更有针对性。

有一家传统面料公司的创始人不止一次对我坦言："我们这些人学历和文化程度都不是很高，很难理解在 MBA 和 EMBA 课程中教授的那些理论、数学模型。虽然我感觉他们讲得都有道理，但回到实现工作中，由于老师讲的和我们的具体情况相差很大，所以我们往往无从下手，无法把学到的东西应用到我们具体的实践中。而教练共创的方式则不同，教练以我们为中心，通过基于主题的对话，让我们学会了一整套分析问题和解决问题的方法，这样当我们遇到任何问题和挑战时，我们都知道如何科学解决。在这个过程中我们不仅提升了能力，更增强了信心。"

2. 主题共创

所谓主题共创工作坊，就是按照一定的频率定期把和主题相关的人召集在一起，通过"来了就得说，说就说自己；谁做谁说，谁说谁做；说了就得做，做就做到位"的共创机制充分对话，同时采取"归纳法"对问题进行科学的分析和研讨，从而找到解决问题和达成目标的最佳方法，并在此过程中进行人才的培养。

事实上，教练针对不同企业、企业中的不同对象、不同行业和企业的不同阶段，以当事人心智成长为中心的工作坊是企业教练的中心任务。也就是说，很多时候工作坊的有效性并非只是解决具体的问题，而是帮助对方调整对问题的看法和态度，当视角改变或者以更加积极的态度进行应对时，方法和灵感会源源不断。

具体来说，在企业进行战略绩效辅导时，我们以年度、季度和月度的方式，对企业的战略绩效和行动计划进行定期的工作坊。参加人员通常是战略绩效负责人的上司、下属以及相关部门。通过这样定期的工作坊，不仅可以帮助管理者持续解决在达成目标中所遇到的困难和挑战，同时可以提高所有参加者的内在领导力。

主题工作坊的要点是：主题具体、对象明确、问题要深入、对话要彻底、行动要精准。特别是上个主题所讨论的问题或目标没有解决或达成，就不要轻易启动下一个主题。

3. 定期持续

所谓定期持续，就是在组织中将主题共创工作坊定期和持久地实施下去，构建沟通和对话的长效机制。

定期持续的学习，才能带来组织的成长。优秀的组织首先是一个成长型组织，在遇到变化、挑战和困难的关键时刻，是闭门造车、一力承担，还是群策群力、团队共创，将决定组织的命运。

团队共创相信每个人都有领导力，但领导力的激发依赖于持续不断地交流和碰撞。在多年的教练生涯中，我们深深体会到，那些沟通不畅的组织最终都走向没落，而交流频繁的组织则生生不息，原因就在于人们之间的分享。

通过持续对话，每一个个体都被激活，自觉自愿地为团队、为组织贡献智慧和能量,久而久之,包容、开放和信任的企业文化就会发展出来。所有伟大公司,都不是由超凡的个人所缔造,而是由卓越的文化基因所成就。而文化的形成绝非一朝一夕之功,需要坚持和专注。

在这个意义上,我们认为,组织先于战略。换言之,当企业将人的发展作为企业成长的第一因时,这一结论就牢不可破。当下热火朝天的互联网创业浪潮,为我们提供了大量的反例。盛极一时的千团大战、P2P金融,如今有几家还在?资本驱动、野蛮生长、风口经济、唯快不破的新概念害了太多企业,究其根源,就是背离了人才驱动和能力驱动的基本商业规律。

"以史为鉴可以知兴衰,以人为镜可以知得失"。当经济进入新常态、竞争进入下半场,就宣告机会主义战略观的破产。如果企业家心存造就伟大公司的愿景,就必须调整发展方式:用人才发展驱动企业发展,用团队共创产生战略绩效。

2 共创战略

战略就是把资源和能力投入未来的机会,以实现可持续增长的行动选择。战略规划是一个过程而不是结果,战略不是冰冷的数字而是共识,战略的本质是执行而不是规划。

成长型组织,是以企业可持续发展为目标,通过激发每个人的心智成长和持续行动,来获得战略绩效增长的新范式。为了帮助人们重新审视战略的内涵和本质,在每个企业进行组织绩效系统导入前,我们都会和企业家与管理团队进行深度的访谈和广泛的对话,比如:

- 企业现状是怎样的?
- 真正制约企业可持续增长的瓶颈是什么?
- 持续增长的基础是什么?
- 持续增长的动力和能力从哪里来?
- 什么才是我们真正需要的增长?
- 持续增长的路径是什么?
- 我们的具体行动计划是什么?

……

通过持续的深度对话,那些具备企业家精神的管理团队会逐步感知到企业的现实，认清企业外部环境的基本规律和企业内部出现的挑战，进而意识到，经验直觉和暂时成功并不能替代真正的战略思考与规划。

事实上，实现可持续增长并不需要所谓的灵丹妙药，而是在于我们的日常工作；战略绩效增长也并不需要商业模式的转变或策略的大幅调整，而在于如何有效地将每个人的日常工作与公司的战略紧密关联，通过激发和培养每个人的成长来实现业务增长和组织发展。然而，传统的战略认知却容易导致人们忽视战略绩效的根本。

2.1 战略误区

战略绩效对客户来说是价值，对企业来说是盈利，对企业成员、企业家和合作伙伴来说则是成长。唯有持续成长的企业才能代表战略的成功。在实际辅导中我们遇到的很多中小型企业，要么战略混乱，要么没有战略，究其根源，是因为陷入了战略误区。

1. 成本导向，忽视人才培养

很多企业高管的 KPI 都是基于短期利润的考核，这导致高管过于关注短期利益、现金流或投资回报率，却忽略人才培养。他们倾向于削减成本，或热衷于通过并购实现扩张，根本不顾企业的持续发展。

有一家集团公司曾经发生的故事，至今依然令我们深思。这是一家典型的 B2B 制造业，集团下属 A 子公司的运营部经理 H 走马上任成为集团下属 B 子公司的总经理，当时，B 公司由于几年的利润下降，总经理被迫离职。新官上任三把火，H 通过一系列运营改革来降低成本，如裁减二线人员（包括体系人员、管理人员、职能人员等）、减少培训费、一人多能、不招聘新人、不重视技术人员、只重生产忽视营销、不重视销售人员、不进行产品开发、频繁调整组织结构、减少投资等等，效果立竿见影，短期内公司的利润、现金流和投资回报率都持续上升，股东和高管都非常满意，年底大家都有很多分红。

2014年公司新厂建成，公司期待进一步发展，但由于固定成本上升，加上外部环境的变化，传统业务订单减少，利润下降。为了维持KPI达标，缓解新厂带来的成本压力，保持利润和现金流，总经理采取进一步裁员和成本削减计划。直到2015年几乎没有人可以裁了，所有的间接管理者都被裁掉，不仅一线员工的一人多能发展到极致，很多管理者都是一人多岗。结果，客户投诉上升、员工情绪蔓延、危机重重……总经理应对无策。虽然总经理也知道客户开发和客户服务的重要性，新业务发展迫在眉睫，人才发展生死攸关，技术创新是企业之本；但由于绩效考核只是短期KPI，而人才发展、客户开发、新业务的培育，都需要长期的投资和经营，产出较慢。因此，H往往都是"晚上想好千条路，早上起来走老路"，无论会议上反思多少次，由于缺乏相应的监督机制和长期的惯性行为，却没有丝毫改变。

直到2016年3月出现销售额、利润、经营净现金流、投资回报率等全面下降，同时客户投诉频起、关键岗位员工提出辞职，团队精神分崩离析，公司被迫重组，总经理离开。

这个案例显示，一味追求短期绩效而忽略人才培养的运营思维，结果多么可怕！"如果再来一次，我绝对不会这样做"，这位总经理离开公司前无奈地说。

2. 机会导向，忽视技术和核心能力的积累

机会主义的战略观在我国颇为盛行。大量企业在进行战略规划时，只看重外在的机会和资源，热衷于捞浮财，轻易涉足自己不熟悉的领域，却忽略技术和核心能力的培育，对人才梯队和组织体系的建设不管不顾。这些情况在中小企业中尤其严重。

有一家传统的服装外贸公司，在2008年全球金融危机和中国产能过剩的大背景下，与绝大多数同行一样订单下滑，收入锐减。为了摆脱困境，公司总经理"果断"放弃传统业务，直接进行女装品牌运营。从外部购买一个品牌，大规模投入生产，同时组建新的团队，在全国十多个城市开展连锁经营。

一开始资金充足，不做预算，凭着感觉和热情经营了一年之后，问题很快暴露出来：人才不胜任、团队不合作、组织没有体系、市场竞争不力等。在经营的第二年，由于资金链断裂，被迫退出市场。只能回到原有业务，但是，库存满天飞，信心一落千丈。

这样的案例比比皆是，特别是公司向外拓展，进入新地区、新领域、新业务时，由于缺乏组织能力的相应支撑，导致竞争乏力，在经历一两年的幻想期之后便"一夜回到解放前"。

战略发展绝不是简单的机会和资源导向，必须审视企业自身的核心能力和组织体系的现状。在设定野心勃勃的增长目标时，决不能把全部希望寄托在一些革命性的新产品、新机会或新项目上。抓住风口一飞冲天固然美妙，但没有坚强的翅膀，迟早都会一落千丈。

在商业世界里，并不缺乏昙花一现的大企业，但历久弥坚的伟大企业总是选择稳健而持续、大胆却不莽撞、有破有立的战略道路。

3. 利润导向，忽略客户价值的创造

战略误区之三是把利润率的提升与销售额的增长视为两个不相干的独立因素，由不同的部门负责，比如，销售部负责增加收入，而生产部负责降低成本、提高利润率。自然地，增加收入的部门不计成本，而降低成本的人不考虑增加收入。结果如何呢？我们来看一个案例。

2011年，我开始辅导一家传统医药流通企业。此前，这家企业通过近10年的努力，做到近20个亿的销售额，但利润率极其低下，不到1%，有些业务单元处于亏损状态。同时，应收款居高不下，流动资金的大量占用，不仅无法向供应商及时付款，也无法开发优质供应商和商品。

这一矛盾开始在组织内部恶化。由于销售人员只负责销售，采购人员只负责采购，本来两者之间就有冲突，再加上财务绩效下滑，加剧了相互推诿和指责。销售抱怨采购的品种不好卖，采购抱怨销售的回款太慢，库存积压越来越多，资金周转速度缓慢，利润急剧下滑。结果，员工收入下降，团队士气低迷，人员流失率增加。与此同时，公司为了维持有限的利润，在每年定目标的时候，还是不断强压下属业务单元增加销售额，扩大销售规模，员工怨声载道。

还有一种情况，公司只顾提高生产力，忽视外部的市场趋势，错过战略增长机遇，这在B2B企业中并不少见。比如，有一家传统的服装制造企业，由于长期的配套（OEM）导向，所有的员工都只关注内部降低成本，很少有人关注行业变化。当现有客户出现增长瓶颈和行业整体衰退时，公司的业务也陷入增长瓶颈。

就企业的长期成功而言，利润增长和收入增长是密不可分的。战略绩效增长是指在增加收入的同时增加利润，或者通过提高生产力，找到更好

的办法巩固竞争地位，更好地创造发展机遇。

从增长的持续性来看，仅仅从利润和收入角度看是不够的，企业家必须将眼光投向绩效增长的来源——客户——身上。企业只有持续不断地创造客户价值，才能实现企业绩效的持续增长。

上述三种战略误区的根本错误，就在于偏离了这一根本原则。传统的战略管理往往过于重视战略结果而忽视达成战略的过程。有些企业为了达成目标甚至不择手段，需要业绩的时候，什么客户的订单都做，一旦无利可图，什么成本都一律砍掉，这种做法无异于杀鸡取卵。

事实上，战略并非只有财务目标，21世纪的商业竞争优势越来越多地取决于那些难以复制的无形资产，如公司文化、人才和客户等。在变化莫测、动荡不安的市场环境中，单纯靠某个"新产品"或"新业务"来支撑企业发展，如同痴人说梦；企业的真正动力来自愿景、使命和价值观，来自创新、专注和坚持的企业文化，来自为了伟大目标孜孜以求的企业团队。

创业不易，守业更难。自古以来创业之主失去天下的很少，守成之君失去天下的却很多。关于这一现象，《贞观政要》中的一段记载发人深省。

贞观十年（636年），唐太宗问身边的大臣：帝王的功业中创业和守成哪个更难？和他一起打天下的房玄龄认为创业更难。魏征却有不同看法。他认为，帝王起兵，一定是世道衰败混乱的时候，他去消灭那些昏庸狡诈的人，老百姓就乐意推举他，天下人都会归顺他，可谓是上天授命，百姓参与，因此开创帝业并不难。然而，帝位取得了之后，帝王在性情上往往变得骄横放纵，老百姓希望生活稳定，可是税收不断，老百姓疲惫困顿，而过度的事务却不得休止，国家的衰败往往由此而起。从这个角度来说，守成更难。

魏征的观点证明了一个朴素而简单的真理：成长则生，守成则亡。"沉舟侧畔千帆过，病树前头万木春"，治国与治企，道理大致相同。

2.2 成长战略

纵观过去近 50 年的战略发展史，可以把战略分为两个不同的流派：一是定位战略，以迈克尔·波特为代表。处于 1960—1980 年之间的定位学派，他们的观点是：外部环境很重要，选择在盈利行业中占有竞争优势者胜。另一个是能力战略，即 1980 年以后以杰恩·巴尼为代表的"能力学派"，他们的观点是：内部环境重要，企业自身的优势才是取胜关键。

两个流派各有道理，但由于固守一端，不免偏执。我们认为，随着外部环境越来越不确定和技术的不断更新，单一视角——无论基于外部机会视角还是内部能力视角——都无法解决企业的持续发展命题。唯有以人的成长为根本的组织发展视角，才是最佳的战略选择。这种战略观我们称之为"成长战略"，它是居于定位战略和能力战略之间的第三种范式（图 2-1）。

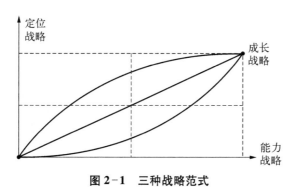

图 2-1 三种战略范式

1. 定位战略

战略大师亨利·明茨伯格在其名著《战略历程》中，曾把战略思想划分为十个学派，分别是：设计学派、计划学派、定位学派、企业家学派、认知学派、学习学派、权力学派、文化学派、环境学派、结构学派。

定位学派由设计学派和计划学派基础上发展起来，之所以被称为定位学派，是因为它关注企业在市场中战略地位的选择。即向下找到产品与客户需求的契合点，向外寻找外部市场。然而，挑战在于，对企业来说，优势、劣势和独特的竞争力有那么容易识别吗？或者，战略地位是被"定位"出来，还是被执行出来的呢？

事实上，早年人们一谈战略几乎都是从 SWOT 分析、3C（客户、公司和竞争对手）理论、产业定位等开始的。还记得 2005 年帮企业做辅导时，那个时候中国的企业外部充满机会，无论做什么，只要能抓住机会、获取资源就是战略的成功。这种情况一直延续到 2012 年，当中国经济的增速逐步回落，多年的快速发展导致的产能过剩、杠杆放大、管理迷失等问题凸显，人们才发现，外部环境越恶劣、压力越大，内部组织能力就越重要，于是能力学派的战略观点开始兴起。

2. 能力战略

1980 年代，能力学派开始崛起。佳能、本田和丰田等一系列日本公司用实践把人们带进了一个能力战略的时代。

"库存即罪恶，大家来改善。" 1980 年，本田在面对美国本土的通用公司和福特公司时，虽然有巨大的规模差距，但在生产技术上却胜过了他们。同一时期，在国内市场压倒本田的丰田也采取了相同的策略，即不依赖规模扩张，而是依赖生产率提高。精益生产理论就是丰田在这一阶段的实践成果。

然而，过于能力导向也会使企业错过未来的机会，毕竟这是一个充满挑战也充满机遇的颠覆时代。

比如，有一家传统制造企业，配套客户主要是日本企业，由于长期接受日本企业的辅导，他们养成一种精益求精的好习惯，特别是在生产环节非常细致，特别关注内部的QCD（质量、成本、交期）。随着时间推移，公司的主要能力慢慢地变成了以配套为主的生产加工能力，而创业之初的营销、研发和技术能力逐步退化，因为他们不用去接新的订单，只需要按照客户的订单要求生产就可以。长此以往，这家公司几乎没有人关注外部的变化，特别是行业变化、环境改变和技术趋势等。

战略问题与运营问题有所不同，战略通常考虑的是组织发展的长期方向，关注企业的活动范围和获取竞争优势的方式；运营则侧重组织的各个组成部分如何高效地利用、组织资源、流程和人员。从范畴来说，战略包含了运营。

3. 成长战略

成长战略的创新意义在于，回到企业竞争力的根源——人才与团队。成长战略认为，人的成长是企业成长的根本动力。

我们认为，随着外部环境的剧烈变化，战略已经不可能仅仅通过事先某个人的远见或者计划的形式确定下来，战略必须在组织的不断行动中调整、学习和协商并逐步形成，而且这个过程是集体共创的结果，即所谓"在战争中学会战争"。这意味着，组织中的每个人都需要深入工作的细节，充分与内外部客户接触，研究每个组织和个人的独特竞争力，如邀请各类人员参与到战略制定的过程中，这样才能获得有效的战略。

比如，2011年我们开始辅导某公司，这家公司过去曾经请专业的生产力促进中心做过战略规划，由于传统的咨询公司多数都是定位设计学派或者能力学派，花了很多时间进行访谈、问卷、分析、诊断，然后输出一大堆厚厚的漂亮的"解决方案"，但几乎都是好看不好用，被束之高阁。

当我们带领大家进行第一次战略绩效工作坊时，伙伴们充满好奇，因为我们没有进行任何所谓的市场调查，也没有大量的财务数据分析，而是营造一个氛围让大家畅所欲言。刚开始时很多都是抱怨、遗憾和伤害，经过多次破冰之后，人们开始越来越愿意把自己的想法分享出来。事后大家都非常感慨，"很多话原来从来没有说过，或者即使讲了也没有人真正的倾听，毕竟每个人只是关心自己要的，没有人关心对方想要什么。"慢慢地，正面的东西逐渐增多，人们开始彼此倾听、相互反馈、积极对话、承担责任。许多灵感、建议和方案都在分享和对话中产生，不知不觉中所有人都在成长和进步。

从2011年至2016年，这家公司总计举办近200天与战略绩效相关的各种主题工作坊，逐步从过去的"家长制、家族化、一言堂、高集权"的环境转化为"员工自主、现代化、民主协商、分权和集权相结合"的共同参与、共同对话、共同成长的企业。

1982年，《追求卓越》的作者汤姆·彼得斯在调查了全世界的优质公司之后发现，是共享的价值观而不是战略或指令主导着伟大公司的经营。这与成长战略的主旨不谋而合：那些对人影响巨大的因素如价值观、关系、创新和学习等，才是企业取之不竭的动力来源。

成长型组织就是采用兼顾市场定位与组织能力，并将二者统一至人才成长的中心，因而可以修正两者的不足，发展出自己的新体系（表2-1）。

表 2-1 三种战略视角

战略模式	理　念	方　法	工　具	代表公司
定位战略	市场导向 机会导向	行业分析	SWOT、3C、 五力模型	王老吉
能力战略	资源导向 静态能力	资源配置	岗位评估、价值链	IBM、联想
成长战略	成长导向 动态发展	机制创新 人才培养	战略绩效工作坊 （SPC）高管教练	Google、腾讯

事实上，商业环境的变化驱动着战略的进化。短短三十多年间，中国企业战略就经历了从机会主义到资源掌控再到组织能力的变化历程。在经济新常态和互联网+的时代背景下，我们认为，靠风口取势或者资源驱动谋求战略绩效已经过时，依靠人才成长与组织创新的成长战略时代正在到来。

3 共创绩效

　　成功的战略各有各的原因，失败的战略却有着共性，比如过于追求短期效益、急功近利、好大喜功。2013年通用前副总裁鲍勃·卢茨在《绩效致死——通用汽车的破产启示》中深刻地反省了商学院和经理人制度导致企业高管们片面注重数字分析，从而催生一种财务报表驱动的管理风格，而正是他们毁掉了企业的创新和发展。

　　他认为，企业应该由业务主导而不是财务主导，这和大部分企业目前的管理理念都不相同。在鲍勃看来，财务主导的经营模式会导致企业的创造力低下、产品研发缩水、员工自主不足等问题，最终侵蚀企业的核心竞争力。事实上，业务研发和人才培养才是企业的长远发展之道，在业务领域不应当看重一时一地的收支平衡和患得患失，而是应该放眼未来，为人才提供机会、为客户创造价值。

　　我2013年开始辅导N集团公司下属子公司，这是一家汽车零部件和汽车内饰公司。总公司只是财务控制，而子公司的总经理在接受我们的战略绩效系统及教练管理的培训后，开始对子公司进行管理变革，从单纯财务成本导向的绩效管理，转向以人才发展为根本的业务绩效管理。通过对每个业务单元的人才和团队进行持续培养和充分激励，同时辅以技术创新、项目拓展等系列改革，这家子公司逐步成为集团下属公司利润贡献最多、业务成长最快、人才辈出的优秀公司。

战略一旦从财务转向业务，就有必要对绩效进行重新定义。

什么是绩效？绩效是指以符合公司的价值观和高效的行为，通过持续创新提升生产力所获得的有价值的成果。其中绩效必须是有价值的，而且该产出还有符合经济原则，即整个的投入与想要的产出之性价比是比较经济的。此外，绩效并非只注重最后的结果，而且也重视实现结果的过程，特别指在获得产出的过程中，任何行为都不能以损害他人的方式来满足自己，而且不能伤害获得产出的持续性。

一般的绩效体现在当下的财务结果中，组织健康则表现为有能力实现一年又一年的持续发展。这两个因素是不一样的，有些公司既没有业绩增长又没有组织健康，有些公司只有业绩增长或者组织健康，而伟大公司的竞争优势在于兼具业绩增长和组织健康。

面对环境剧烈变化的 21 世纪，需要我们从战略角度来看待组织绩效，不能只是依赖过去的信息统计的财务指标，而要建立面向未来企业的绩效评价。1992 年卡普兰和诺顿发明了平衡计分卡（BSC），就是一种组合了财务视角（过去）、学习与创新（未来），客户视角（外部）、内部流程（内部）等四个视角的企业战略绩效评价体系。这种战略绩效评价体系将定位（客户视角）与能力（学习与创新）相结合，并进一步将它们与财务指标连接起来，从而达到成果和资源的一致性、努力和成就的相关性、绩效增长与团队成长的内在关联。

3.1 人才驱动

绩效的源头是什么？

绩效的本质是在创造客户价值的同时培养人才。绩效的源头是人才的成长，绩效从只关注财务，到逐步关注客户，再到关注人才，是绩效内涵的逐步升级和丰富化。

战略绩效指的是从战略到绩效创造的经营过程，好的战略未必有好的绩效。战略绩效不仅明确公司的战略，而且通过自下而上的目标设定和自上而下的方向指导相结合的方式，帮助每个部门和个人明确自己的战略定位和绩效目标。同时通过绩效合约的方式，制定清晰的激励和约束机制，绩效达成会怎样，绩效没有达成会怎样，从而实现战略真正落实到一线作战部门，也为年度、季度和月度的战略绩效跟进工作坊做好充足的准备，确保每个战略绩效都有非常明确的负责人，同时每个部门和个人都有明确的战略绩效目标。

2014年，我辅导一家食品出口公司，这是一家已经有20年历史的家族企业，由父亲创业，儿子参与；父亲是董事长，儿子做总经理。在第一次战略绩效工作坊时，我们惊讶地发现虽然公司的财务绩效表现不错，不仅市场份额在全球的细分市场排名在前10名，而且利润率也不错；但谈到客户、产品和人才方面的绩效时，简直不可思议，一方面客户投诉次数高居不下，产品质量不稳定，另一方面员工抱怨频频、管理者敢怒不敢言。

那真正的问题出现在哪呢？经过深入对话，年轻的总经理逐步意识到受传统经营思想的影响,认为做企业就是赚钱,只要有生意就是大事,而所谓生意就是差价,低价进高价出,因此只要购买进来的东西就是越便宜越好,无论是原材料、设备、人员工资、场地等无不是价格越低越好;为了进一步降低成本,公司追求规模效应,寻找采购量大的客户,即使价格低一点也没事,只要有大订单。长此以往导致质量无人关注,工人被忽略,管理一片混乱。

从 2015 年之后,总经理及管理团队达成共识,即使年长的董事长反对,公司也需要导入正确的绩效观念,那就是真正以业务为导向,而不是以财务为导向。接下来公司开始建立严格的产品质量标准,内部 PPM 和外部 PPM 相结合;对设备进行改造,同时增加关键设备的投入;对员工进行系统的培训,导入"以一线员工为中心"的管理文化,激发员工自主性和质量意识;对客户进行重新梳理,不再是单纯的按照区域来管理客户,而是按照客户的类型来服务客户,把客户分为贸易商和制造商等。贸易商量大,关注价格而对质量要求不高;而制造商虽然量小、但更看重质量而对价格不敏感;为了提高公司的产品品质,确定了公司未来的战略客户为制造商而非贸易商,并制定了客户结构的标准。同时加大了产品研发,不仅是产品工艺的开发,还有产品的组合,产品配方的研发等;并在此基础上进行了人才引进和绩效制度的创新,等等。

这样经过长达 3 年的战略绩效系统的导入和管理升级,到 2016 年这家公司已经成长为行业内领导者,不仅客户满意度大幅提高,员工的敬业度与日俱增,而且公司的品牌形象在行业开始发挥强大的影响力,同时市场份额不断增大、营业额增加一倍、利润翻了三番。

可见,对绩效的认知比绩效本身更重要。绩效既是公司价值创造的衡量指标，更是公司奋斗的方向和指引。

有一家汽车面料生产商，过去品质部门的指标一般会选择：客户投诉次数、质量损失金额、内部异常处理及时性、直通率等。而通过绩效观念的引领，公司开始把绩效指标调整为客户满意度、最佳供应商等，也就是说，不只是关注品质稳定，达到客户要求，创造客户满意，而且要相对比竞争对手创造更大的客户价值。

随着移动互联网的崛起和技术的迭代更新，战略绩效已经走向以人才发展为中心的时代。过去管理者的绩效指标中几乎没有明确的人才发展指标，管理者只是关注财务目标，而忽略人才的发展和培养，导致后劲不足。而成长型组织以人才发展为中心，把人才培养写进每个管理者的战略绩效指标中，并通过长期的战略绩效跟进系统确保管理者在实现战略绩效的同时，培养出更多优秀的人才，从而实现公司收入与利润双增长。

3.2 双轨绩效

组织中每个人的绩效（Performance），如果用"P"表示，都应该有两种特性：一是这个人本身的特性，可以用"I"（Individual）来表示，包括他的知识、技能、动机和态度等；二是关于环境的特性，可以用"E"（Environment）来表示，包括工作的性质、绩效考核和激励机制，以及有关的领导，等等。这样，绩效就可以用一个方程式来表示：

$$P = f(I_{a,\ b,\ c\cdots\cdots} E_{m,\ n,\ o\cdots\cdots})①$$

---

① 道格拉斯·麦格雷戈：《行为科学与管理》，北方妇女儿童出版社 2017 年版，第 7 页。

人的行为不可避免地会受环境的影响，比如奖励和惩罚。传统组织中外在的激励已经得到充分的应用，但对内在激励的应用却远远不够。因为内在激励不像外在激励那样直接有效，而在面对一项非常重要也非常难以解决的问题时，要激发一个人的挑战意识，在问题解决之后，"解决问题"本身就是一项奖励。因此，共创绩效的原则是，组织应该设法创造出一种氛围或组织环境，以使组织中所有成员，在他们努力达成组织目标的时候，也能够达成他们自己的目标，毕竟再高的标准也高不过每个人自己内心的标准！

所谓双轨绩效，就是对领导者或员工的绩效进行考核时，不仅仅关注外在的战略绩效本身，而且关注完成战略绩效的方式与公司价值观的一致性。正如马云所言："我们不一定关心谁去控制这家公司，但我们关心控制这家公司的人，必须是坚守和传承阿里巴巴使命文化的合伙人。"每个公司都有自己的价值观，有些是写在纸上的，有些是口头的或者是没有明确说出来的。不管形式如何，价值观的意义都是重大的，毕竟符合公司价值观的绩效才是可以持续的。成长型组织非常重视用组织的价值观来引领每个成员的绩效达成，与完成绩效所需要的能力不同，价值观通常指的是完成绩效的方式。比如，培养领导人才就是成长型组织所奉行的核心价值观之一，它的含义是在完成绩效的过程中我们需要花时间培养人才，如果只有业绩但没有培养人才，这样的领导者是不合格的。

特别是在选拔关键岗位的人才时，一定要评估候选人的价值观。比如异地分公司的负责人或技术研发的带头人等，如果这些人缺乏与公司核心价值的一致性，那么业绩越高的时候风险就越大，因此以价值观为根本的绩效发展是战略绩效的重中之重。

有一家区域型的 IT 贸易公司，主营业务是分销电脑的主机、服务器和配件。随着时代的发展、电脑在更新换代，从 PC、笔记本、服务器到云计算，公司的业务也跟着逐步壮大。但非常遗憾的是，由于受传统的绩效观念影响太深，公司一直忽略企业核心价值观的建设。虽然管理层也在学习，但只是学习了一些表面的概念和套路，对绩效的内涵缺乏深刻的理解和反思，致使在绩效考核上过于关注短期的财务指标，如销售额、毛利等。对人才培养、技术升级、研发投入、价值观宣导等视而不见，或者只是停留于偶尔的对话中，没有真正落实到公司的制度、流程和文化中。结果等到传统业务逐步老化而公司需要转型升级的时候才发现，不仅人才缺失，而且由于长期形成的短期绩效导向的文化已经让公司从上到下所有人都不愿意对长期的技术进行投入，甚至形成了体外循环，把主营业务的利润投入到其他领域，导致主营业务后劲乏力，竞争力下降。因此，要想真正导入成长型组织所需要的绩效思想和理念，绝非一日之功。

而在一些优秀的公司，如通用电气（GE）公司和丰田等都是把价值观作为公司的主要绩效考核内容。比如丰田公司就规定：管理决策必须着眼于长期，即使牺牲短期的财务目标也在所不惜。而且，丰田公司还着力培养那些信奉公司理念的杰出人才与团队，培训那些彻底了解并赞同公司理念的员工成为领导人，使他们能够向其他员工传播这种理念。

伟大的公司深谙人才培养之道，它们会建立一套具有明确时间限制的人才培养制度，并讨论设定这些目标的原因和达成目标的具体方式。在这些公司，教导员工是领导者最重要的技能，领导者必须深入了解他们的工作，以教育、辅导其他员工。他们会定期全面考核员工，如同他们考核业务流程、绩效、战略和预算一样。关键在于，他们会将人才考核同绩效考核相结合，收集、更新员工成长的相关资料。就像绩效制度一样，人才培养制度也有自身的规律和一套严格的流程，随着组织和战略的发展而持续优化。

第二篇
共 创 组 织

"任何有组织的人类活动——从制造陶罐到把人送上月球,都有两项相互对立的基本要求:将劳动分解成各种可执行的任务和协调这些任务完成预定的活动。组织结构就是所有将劳动分解成不同任务和协调这些被分解的任务的途径之和。"

——亨利·明茨伯格

组织建设比发展业务更重要。伟大的产品和服务很少造就伟大的公司，只有伟大的公司才会创造伟大的产品和服务。组织通过团队来领导更大的团队，因此是命运共同体、价值共同体、行动共同体。唯有共同愿景、共同使命、共同价值观、共同行动才能共创伟大的公司。

《华严经》上说，不忘初心，方得始终。初心（Eternal heart），是指企业家或领导者内在永恒的心。在创业和经营企业过程中，总会遇到这样那样的困难、诱惑、挑战，唯有回归初心，知行合一，才能找到心灵的归宿。

现实中，企业的瓶颈往往来自企业家自身的格局和境界，只有企业家在企业发展的不同阶段勇于突破自身认知的边界和人性的局限，放下小我，重塑自信，尊重他人，才能发现和欣赏身边每个人的优势和潜能，完成从个人到团队的蜕变，并与伙伴一起共启超越外在功利而源于内心的利他愿景，共同承担起对自然和社会的责任和使命，奠定共同的核心价值观和共同的行为准则，逐渐形成伟大公司的行动共同体。

企业持续增长的根本是组织成长，正如柳传志所提倡的管理三要素：搭班子、定战略、带队伍。排在首位的还是搭班子，没有一个意志统一的、有战斗力的班子，定战略、带队伍都做不出来。无论什么时候，唯有根植于普世价值观的企业文化、能随着环境变化而变化的弹性架构以及强有力的领导班子，才能支撑企业在急剧变化的世界中保持可持续发展。

无论是偶然创业，还是精心准备，每个企业都有其创业时的灵感、愿景、使命和价值观，以及这个企业所具备的核能、优势和身处的环境。通过与企业家和管理团队的深度对话，帮助企业家找到创业的初心和出发点：利他。唯有以"利他"为组织的起点，组织才能找到可持续发展的根基和生命力（DNA）。

这个过程的根本挑战不在组织的结构形式、政策或制度，而是背后的意图和出发点驱动着组织向伟大公司持续进化。从"自我中心的个人"走向"以他人为中心个人 A^+"，利他而生、相伴成长；从"个人 A^+"到"团队 All^+"，充分授权、员工自主；从"团队 all^+"到"A^+公司"，个体崛起、组织共创。

组织发展的根本是"人"的价值被不断提升以及人和组织关系的重构[①]。战略和商业模式都可以被复制，唯有组织动能才是难以复制、持久成功的关键。过去，很多人都认为要先定战略，再用组织去支撑；但以我多年的实践来看，很多公司不是战略有问题，而是没有一个优秀的组织来发现机会和把握机会，即能力不足。战略意味着需要把今天的资源投向未来的机会，如果组织没有充分的信任、达成共识的能力、良好的运行机制以及弹性调整的能力，就无法应对战略执行过程中所遇到的困难和挑战。共创组织不仅可以帮助企业改变决策机制、激励机制、组织和事业的结构，更能改变肉眼难以看到的企业文化，甚至影响员工的人生观和价值观。简而言之，共创组织包括三个重要方面：**组织动力、组织能力、组织活力**（图4-1）。

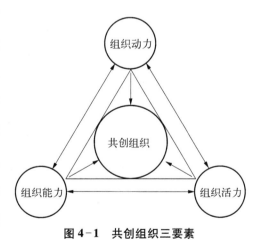

图4-1　共创组织三要素

---

① 理查德·斯科特：《组织理论》，中国人民大学出版社2011年版，第338页。

4 组织动力

组织动力主要是指组织驱动力的发展。组织是靠外在的压力驱动、自身需求驱动还是利他的使命驱动，绩效表现形同天渊。传统的组织几乎都是靠外在的压力或刺激驱动，如高额奖金、KPI 考核等，可收一时之效，却难以长久。

随着组织的发展和外部环境的变化，唯有以利他的使命驱动，组织才能生生不息。重温马斯洛 1977 年日记中的描述很有必要："在未来数字化的时代，人的潜力几乎是各行业、组织和机构获得竞争优势的基本来源。发挥每个人潜力所产生的动力并不亚于财务管理、产品发展、投资回报及其他各种用于衡量成功与否的指标所起的作用。如果没有来自这方面的动力，组织的成功就无法持久。"[①] 展望未来，我们需要思考的关键问题，不在于"怎样培养组织中人的创造力"，而是首先需要探究组织中人的潜能都去哪儿了？组织中人的天性是怎样被埋没的？也许我们需要做的事是寻找组织中扼杀创造和创新活力的因素，而不是企图让人们服从组织。

---

① 亚伯拉罕·马斯洛：《马斯洛论管理》，机械工业出版社 2014 年版，第 5 页。

企业的目的不只是创造利润这么简单，还应该是一种组织或团体，使其成员能以各种途径满足基本需求，齐心协力造福整个社会。哥伦比亚大学自 1986 年以来就一直在追踪研究人力资源措施与经济指标之间的相互关系[①]。其中的一项调查提供了有力的证据，调查对象包括 495 家企业，其结论如下：能与雇员共享利润及收益的公司，其财务状况远胜于那些不与雇员分享成就的公司；那些积极与广大雇员交流信息并注重让雇员参与（脑力参与）各种项目的公司，要比独裁、专制的公司经营状况好得多；弹性工作制（包括弹性工作时间、岗位轮换及扩大职责范围）与经济效益紧密相连；影响业绩的最基本因素中有 2/3 与共同参与经济行为、群策群力、弹性工作制度及培训发展计划等相关。

1990 年，布鲁金斯研究所以薪酬与基本业绩关系为主题的研讨会得出的结论是：改变雇员的工作方式可能比改变他们的收入更能大幅提升生产率，因为雇员的参与会促进诸如利润分配、收益分成及雇员配股计划等相应福利报酬制度的改善，使双方都因之受益。

在《教练管理》这本书中，我曾详细地分析了从资本驱动的科学管理、市场驱动的目标管理与员工驱动的教练管理之间的本质区别。传统组织的动力一般都来自组织的少数的投资者；然后逐步转移到管理层驱动，也就是所谓的 MBO（管理层持股）；到马斯洛所提倡的"员工参与、员工自主、员工驱动"，也是最近 10 年。随着互联网+时代的到来，伴随着员工的觉醒，部分企业意识到单纯靠"指挥、命令、要求、讲道理、奖罚"等传统手段已经无法取得很好的效果，才开始尝试变革。

[①] 亚伯拉罕·马斯洛：《马斯洛论管理》，机械工业出版社 2014 年版，第 52 页。

激活组织中每个人的动力,并实现组织共创,这需要从三个方面分别阐述。

4.1 员工驱动

根据图 4-2,很多管理者刚开始很积极,信心满满、动力十足,但随着目标的逐步达成、收入的增加,自身的动力开始逐渐消失。而此时,随着位置的上升,公司对管理者的期望在不断增加,同时团队成员对他的期望也在快速增加,但由于本人的内在成长不够,心胸、格局、境界都没有同步发展,导致自身动力不足,这样就会造成公司不满意、团队成员抱怨、自身压力增大的矛盾局面。

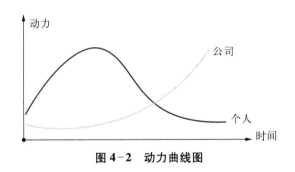

图 4-2 动力曲线图

任何企业的生存与发展都依赖个人与组织的同步成长和发展。为此,组织必须把"发展人才"看得比"发展业务"更重要;同时把发展的动力从少数投资者转向广大价值创造者(一线员工)(图 4-3)。

创始人驱动

很多公司的早期驱动力主要来自少数的几个创始人,就是靠着这些创业者的热情,带领着公司不断向前,无论遇到什么困难,这些创业者怀着

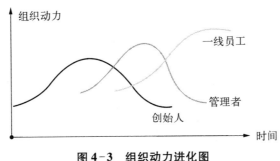

图 4-3 组织动力进化图

极大的创业热情,披星戴月,攻城略地。他们虽然不是很懂管理和经营,但凭着一股子热情硬是把公司做到一定的程度。但随着外部环境的变化、竞争的加剧以及创业者知识结构的老化等因素,创业者很快心有余而力不足。

此外,经过一段时间的艰苦奋斗,很多创业者开始失去了当初的动力,不知道为什么而奋斗。从现实来看中国的很多企业家成长于特殊的历史时期,一开始创业动机可能是摆脱贫困、发财致富、出人头地或者源于一个偶然机会,抑或是走投无路,找不到工作,被迫创业。一旦这些基本的欲望得到满足后,接下来干什么呢?由于没有清晰的愿景、使命和价值观,没有搞清楚创业的本质和企业的根本,最终导致动力缺失。

此时有些公司会选择二代来继承,但由于中国现阶段的现实是二代通常都是独生子女,即使是海外留学,也未必能够带领公司成功转型或升级,甚至还有更多的二代不愿意接父母留下来的基业,于是带领公司向前发展的任务,自然落在了管理层身上。

管理层驱动

不少公司开始了管理层持股的组织变革。起先,公司通常会寻找业务单元的负责人,把公司的利润和业务单元的负责人进行分享。随后,逐步把分享的范围扩展到一定资格的管理者,让管理者有机会共享公司的利润。这样可以激励管理者能够不仅关注业务,也同时关注公司的利润。

但由于大部分公司的分配以年度为单位,导致管理层更多关注公司的短期利益而忽略公司的长期目标和可持续发展,特别是不重视一线员工的成长和发展,这就给公司的未来带来隐患。在这里,优秀的公司将再次迈开改革的步伐,把组织变革的目光投向一线员工。

员工驱动

从创始人驱动、管理者驱动到员工驱动的"发动机"变化是从个人到个人 A^+ 的关键转换点。

有一家传统制造企业,成立于20世纪80年代,父亲带领长子开始创业,投资者同时也是经营者驱动公司已经走过了20个年头,成绩不好不坏,与同行比较也算过得去,但是相比中国经济的发展速度和发展阶段,还是显得非常保守。展望未来,公司发展乏力,无论是从投资者的角度,还是从创业者的角度,发展的动力与管理的能力几乎江郎才尽。由于传统的管理模式只是投资者驱动,公司发展的压力全部落在几位创业者的身上,长期的身体透支和精力投入,外加没有足够的时间进行学习充电和压力释放,导致知识结构老化,人才匮乏。面对外部的金融危机,此时的传统制造业何去何从?他们的内心可以说是:向前看一片迷茫,向后看心灰意冷。

通过深度访谈和定期战略绩效工作坊,创始人逐步意识到,真正的危机不在外部环境,而在内部经营,特别是长期以来的经营管理思想陈旧落后。

接下来，从 2008 至 2016 年的八年时间，这家公司逐步完成从管理层持股、员工内部创业等一系列的重大变革。今天公司早已经由当初的投资者驱动，进化到员工驱动、管理者支持的组织共创时代，公司的绩效也实现长期的高速增长，并且充满了活力和激情。

因此，从个人到个人 A$^+$，让每个普通员工都成为"A Player"，关键在于改变员工的身份，激发员工的动力。让我们看看华为的例子。华为从设立之日起，就实行了员工持股计划，其中员工持股达 60%，而其领头人任正非所持股份仅占 1%。可以说华为成功的决定性因素之一就是全员持股制度，它的员工虚拟饱和持股计划结合了中国传统的晋商身股和银股的制度，几经优化，成为目前世界上最大的非上市公司员工股权激励成功案例。

通过员工持股，员工成为内部创业的主体，员工关系从过去的劳资关系进化到员工与工作的关系、员工与同事的关系、员工与客户的关系。

在苹果公司，所有员工从入职的第一天起就会获得期权，同时所有员工还享有利润分红和奖金，因此所有的苹果员工都是股东。在这样的模式下，公司会对那些给企业带来附加值的员工加以回报。更为重要的是，在苹果这类以产品为导向的公司中，产品利益相关方对企业的成功发挥着异乎寻常的重要作用，因此如何确保苹果员工在努力打造伟大产品的过程中也会获得经济利益就显得非常重要。苹果公司所做的就是将个人成绩与产品表现直接挂钩，这不是指为公司效力的时间长短或个人的年龄大小，而是指将公司向前整体推动这项极具意义的成就。比如 2002 年史蒂夫推出了一项奖金计划，这一激励项目中为员工提供了他们基本工资的 3%—5%

的特别认可奖金,但所有高管层则被排除在该奖金之外,而且所有的奖励和奖金都是基于产品贡献而不是财务表现[1]。

4.2 内部创业

当然,员工驱动并非一定需要通过期权或股票,传统公司通过价值分拆、财务独立核算、项目团队等方式进行的"内部创业"同样可以起到员工驱动的作用。

有一家传统的服装公司,在行业内风风雨雨20年,有过辉煌,也有过挑战,特别是在中国开始加入WTO后,小公司可以直接出口时,公司业务做得非常不错。但伴随着2008年的金融危机和产能过剩,该公司内部成本上升、管理不善,业务持续下滑。

在进行战略绩效辅导时,除了对公司的战略进行梳理,在厘清公司的目标市场、产品战略之后,我们对公司长期以来的大锅饭体制进行了改革。在刚开始进行战略规划时,公司几乎没有一本清楚的财务报表,过去的财务都是为了应付外部的税务而做的三张报表,根本无法反映公司的实际经营状况。过去公司的所有决策都是老板一个人定的,员工只是被动执行,几乎没有任何主动权。因此,在战略绩效工作坊期间,我们开始把公司按照价值链进行部门的独立核算,分为销售部、生产部、采购部等,每个部门的负责人都有自己清楚的收入、成本、利润。

从此,一个20多年的公司重新焕发出青春的力量,每个员工都清晰

---

[1] 杰伊·艾略特:《与乔布斯一起领导苹果》,中信出版社2016年版,第152页。

地知道自己的年度、季度和月度目标，所有员工都参与到公司的经营中，而且每个员工都清楚自己所在部门和公司的经营状况，从而在战略绩效的季度跟进工作坊中可以充分地进行对话和反思，信息得到充分共享。到了第二年，公司把独立核算扩大到主管甚至员工，公司逐步成为一个平台。员工在这个平台上自主创业，公司不仅有明确的激励制度、强大的培训体系和支持文化，同时财务部门从管理会计的角度持续地帮助每个部门和员工在公司中成为真正的创业者和经营者，实现事业的成功和个人的成长。

最近几年我们帮助过很多公司实施股份制改革、员工持股计划和薪酬机制等，呈现出强大的发展后劲。在2016年的年度战略绩效工作坊中，H集团CEO激动地说："我们下属B子公司的自动化现在已经遍地开花，除了2月份以外，每个月都在赚钱，这是怎么做到的呢？我想主要是我们年度制定的两个机制：一是创新机制，我们拿出营业额的千分之五作为创新基金，鼓励开发，和每个人直接挂钩，这样所有的员工都被激发了；二是团队利润分配机制，达到目标，团队的所有成员都有机会得到利润的分配，这样每个小型的业务团队或项目团队都受到激励。"

从创始人驱动、管理者驱动到员工的驱动显示了公司的进化层次和组织境界的提升。毕竟，组织持续发展的动力不能仅仅来自少数的创始人或管理者，一方面是创始人或管理者的成长受限，公司发展的瓶颈往往来自创始人或管理者成长的瓶颈；另一方面，随着创始人和少数管理者的既得利益得到满足，也逐步失去了继续发展和持续创新的动力。因此，创始人和管理者应选择正确的时机从过去的带领者、监督者转换为支持者和帮助者，激发员工的驱动力和创造力。

4.3 文化引导

组织动力源于一个起点：利他。

在多大程度上实践利他，决定了组织的成功与失败。通常新创立的企业，近半数都在头三年倒闭。克服创立初期的困难并非易事。无论一个想法有多么优秀，都必须与利他合作精神结合在一起。

"什么是利他？不断表扬你、赞美你就是利他吗？还是鞭策你、挑战你，让你到艰难的地方去面对痛苦？孩子在很小的时候被送到幼儿园，刚开始小孩哭、妈妈也哭，表面是痛苦的，但一个月回来后，他独立了，成长了，这也是一种利他的方法。"在年度战略绩效工作坊中某集团的董事长意味深长地说："现在回想起来，3年前我放手让子公司的总经理们自主决定，也是一种利他。"

从个人 A^+ 到团队 All^+，是一个放下自我、融入团队、成就他人、实现共同成长的利他过程。团队 All^+ 是从个人能力到团队合作能力的突破，但很多企业的问题是，虽然有不少杰出个人，却无法形成真正的团队。熊彼特认为，"典型的企业家要比其他类型的企业家更以他人为中心，而且他的任务具有鲜明的特性，主要就是打破旧传统，创造新价值"。强生公司前 CEO 拉尔夫·拉森一语道破天机："以他人为中心的利他创业是冒险的游戏。"正是这种胆大包天甚至是非理性的欲求，激励着伟大的公司一步步实现辉煌。

如果没有利他的企业家精神，伟大的想法可能永远得不到执行。当然，也不是所有的想法都是好的主意，企业家也会头脑发热，如不经过仔细的研究和详细的规划，就让产品匆忙上市。对企业而言，风险是固有的，但成功的企业家不仅要敢于承担风险，还要有能力管理风险。

伟大的企业家或优秀的管理者必须时刻回归创业或管理的初心：利他。正如知行合一的"知"，不是知道、不是知识，而是良知。即凭着良知去行动，不要让害怕左右了你的决策，应在实践中时常验证你的良知。

伟大公司的创业者或领导者，总是具备普世的价值观、坚定的信念和积极的态度，有了这些，才能把利他精神融入公司的愿景、使命、价值观。正因为这样的公司从一开始就植入了基业长青的基因，所以与众不同（图4-4）。

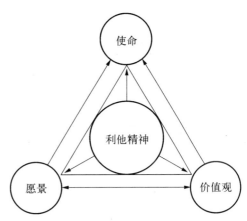

图4-4 以利他精神为引导的组织文化

愿景

灵感来自愿景。可以说有史以来最伟大的发明不是火种、语言、车轮，而是公司：为了实现共同的目标，人们在一起工作的绩效远远超越任何个人独立完成的绩效。要建立公司，首先必须建立共同愿景。

当史蒂夫重返苹果时，经历过那些黑暗的岁月，这家企业似乎已经迷失了方向，他这样表示："这并非在上演一台独角戏，若要重整旗鼓，需要实现两点：其一，这里有着许多具有真才实学的人（个人 A^+）；其二，需要有一系列优秀的领导者和出色的方案（团队 All^+）。"这就是史蒂夫，他在提出一个宏伟愿景的同时，还要确保每个苹果的员工都能深谙其意，从而共启愿景①。

追求进步的驱动力源自人类内心的深层冲突，一种探索、创造和改善的冲动。愿景即对企业内在渴望的外化。愿景来自远见，远见就是见人所未见的艺术。远见不仅可以对员工起到积极的作用，对供应商和其他合作伙伴也会起到同样积极的作用。优秀公司的前瞻性远见无一例外都来自内心驱使。就像伟大的艺术家或多产的发明家的内心动力一样，优秀公司追求进步的驱动力蔓延公司每个角落。

科氏工业集团自1961年以来，资产增值了2 500倍，在60个国家拥有7万多名员工，年收入约1 000亿美元，其总裁查尔斯·科尔把这一切都归功于他们核心团队的共同愿景："建立一家能够带来高回报的、大型的、具有企业家精神的公司。"他坚信，无论是商业社会还是人类社会，一切成功都源于成熟的价值观体系和方法论。

愿景代表了高级管理层对组织的长期目标——关于在给定时间内想要取得的竞争地位，以及为了达成目标必须获取的核心能力的描述。同样，愿景总结了公司未来大体的战略重点。愿景还反映了企业的价值观和使命，企业通过愿景不仅吸引客户，还可以借助愿景打动未来人才的心，凝聚利益相关者。

作为伟大公司的战略领导者，CEO及核心团队需要清晰地描述企业的愿景并就愿景达成共识。事实上，只有更多的人参与进来，愿景才会发生作用。此外，为了使企业能够达到其期望的未来状况，愿景的表述必须清晰地与企业内外部环境条件紧密联系。

---

① 杰伊·艾略特：《与乔布斯一起领导苹果》，中信出版社2016年版，第12页。

切实有效的企业愿景应源于并归结于价值的创造,这也是公司存在的唯一理由。每个愿景都应该回答这样的问题:"我们应该努力做些什么?"以及"我们将如何做?"企业的愿景必须指导我们的一切行动。在拟定愿景说明时,有两个重点必须关注:

- 伟大的公司会把精力集中在相对较少的行动上并且非常出色地完成。
- 伟大的公司因为采用了远远超出它们资源基础和能力范围的愿景才赢得它们的领导地位。

例如,1981年杰克·韦尔奇成为通用电气公司的CEO的时候,为了推动公司前行,他提出"没有最好,只有更好",要求所有业务都要做到"行业内数一数二,否则就退出这个行业"。

那如何把利他的思想真正导入公司的愿景中,从而以利他精神来打造组织?如果没有真正的利他组织,未来在引入绩效指标时就会有风险:一方面是过于关注个人绩效而忽略团队,而没有团队合作,战略绩效指标是无法完成的;另一方面,如果没有利他的愿景,目标容易滑向短期,毕竟很多战略绩效需要前期的付出。因此,我们需要以动态的方式来描述公司的愿景,特别是在公司的不同阶段以及团队成员发生变化时,我们就必须再次共启公司愿景,确保大家理解、认同和受到激发。

比如,2011年3月我在辅导M公司时,通过系列工作坊我们制定出公司的愿景、使命和价值观。当时到场的创始人和管理者都身受鼓舞,因为毕竟这是一次创业动机的巨大升级,从过去单纯为了挣钱求生存,到现在的"让生活更加美好"。但在实际应用中,这个愿景似乎无法真正激励到管理团队和广大员工,原因是这些愿景都只是描绘创始人个人内心的期望和感受，而不是真正从团队和客户的角度出发，也就是说，还不是真正意义上的利他，只是完成了从个人到个人 A^+ 的心智成长。

于是，在2014年11月我们邀请业务团队、职能团队的主要成员参加公司的愿景工作坊，再次共同描述公司的愿景。而且在这个过程中，通过深度的对话和生命意图的唤醒，帮助每个人完成从个人到个人 A^+ 的心智成长，毕竟刚开始大家的愿景都是个人化的物质追求，比如房子、车子等，但随着对话的深入，大家开始意识到每个人都生活在团队中，唯有利他的愿景才能彼此成就，才能充满力量。经过多次的反思和反省，大家逐步从个人 A^+ 转换到团队 All^+，共同描述出公司的愿景，把利他的思想和精神深度植入愿景和使命口号中，从此，这个团队呈现出前所未有的激情。而且，公司规定，每隔2—3年就邀请更加广泛的人群参与到愿景的制定中，从而真正地做到"一线员工驱动"。

所有参与的伙伴都深刻地感受到教练共创思想的知行合一、共启愿景、责任共担的团队文化，从而为共创组织打下坚实的基础。可以说，以利他为导向的愿景，不仅充满力量，而且持久弥坚，也为使命注入了能量，提供了方向。

使命

使命陈述是对组织目标的概括性陈述，它可以被理解为对组织存在的理由的表述。从个人 A^+ 到团队 All^+，使命的关键在于利他成长，如果组织内部或利益相关者之间对组织的使命存在重大分歧，那么在确定组织战略方向时将会遇到一系列真正棘手的问题。通过分析企业的内外部环境，企业可以获得形成愿景和使命的信息，愿景和使命宣言的目的是告诉利益相关者这家企业是谁、做什么、为谁服务、希望实现什么。

使命是愿景的具体化，指明了一家企业现在和将来从事的业务，以及所要服务的客户。使命比愿景更加具体，而且需要有感召力，能够鼓舞人心。使命和愿景一道，为企业战略选择提供了坚实的基础。特别在公司遇到挑战的时候，使命的作用是不可估量的。

使命说明记录了组织存在的目的，使命说明通常包含公司的行为规范，在履行使命的过程中引导管理层。当员工能够强烈感受到引导他们努力工作以帮助企业实现其愿景的道德标准时，企业更有可能形成有效的使命。

企业的使命并非只是来自企业家或 CEO，高层经理和核心团队的参与也是非常关键的，因为企业的使命直接涉及产品、客户和市场，而今天，组织的扁平化使得"一线员工"与他们正在服务的客户和市场有着更加直接的接触。

比如，在企业经营过程中，很多创业者对使命的认知更多是停留在书本上或教室里。在引进战略绩效工作坊的初始阶段，这些企业家对使命的描述多是为"走走形式，敷衍了事"。一般需要等到战略绩效系统进行一两年后，企业家和领导者才会慢慢地领悟到无形的使命对公司业务的指导作用和对团队成员的凝聚力。

可以说，企业的愿景和使命是战略导入的关键部分，它需要融入企业的战略行动之中，作为获得企业核心竞争力的基础，企业的愿景和使命必须精心制定。但要注意，当一家企业决定确立了愿景（想要成为什么）和使命（为谁服务以及怎样服务）时，价值观成为企业需要重点关注的部分。

价值观

组织文化是组织成员共有的基本假设和信念，在无意识中发挥作用，并以一种自然的方式形成对组织及周围环境的看法。组织文化一般可以分为三个层次：价值观、信念和假设。真正的组织文化是通过组织内部人员的实际行为方式明显体现出来的，是关于"公司里什么是最重要的"及"你如何按照这种方式来管理公司"的基本假设。其中，组织和制度里认为的"本该如此"的假设，会对战略的制定和开展业务的方式产生深远影响。

方式比结果更重要，从个人 A^+ 到团队 All^+ 的关键是价值观的一致性，唯有践行共同的价值观，才能发挥团队的作用，保证组织持续稳定的发展。让我们来看看苹果公司的企业准则和价值观细则。

企业准则：遵循人体工程学原理，打造"人性化"产品，通过产品简洁易用的特点使其成为拥有者的自然延伸。在全世界范围内建立客户服务机构，以便为零售商、分销商和技术支持中心提供服务，其水准要远超过业界水平。

企业价值观细则：

第一条：对用户进行换位思考……绝不会以利润之名向伦理和诚信妥协让步；

第二条：进取精神……我们的产品将改变人们的工作和生活；

第三条：对社会做出积极的贡献……我们制造的产品旨在提升人类能力；

第四条：创新和远见……我们接受风险并致力于开发领先产品；

第五条：个人表现……我们希望个人承诺和表现超过业界标准；

第六条：团队精神……鼓励个人与各级管理层充分互动，分享想法建议，以便提高苹果的效能，促进生活质量的改善；

第七条：质量……我们关注自己的所作所为；

第八条：个人回报……我们认可每个人对苹果成功所做的贡献，我们会与大家分享成就和经济回报，多劳多得；

第九条：杰出管理……管理者对员工的态度是重中之重，员工应该相信管理者的动机和正直性。

这些企业价值观已经成为苹果日常交流的组成部分，员工可将此用作衡量自己和管理层表现水准的标尺。最为关键的是，苹果的价值观文化已成为其在全世界范围内的企业文化体系[①]。

单纯就经济与商业的角度，企业存在最重要的目的当然是"为股东创造利润"；然而股东或高管的利润动机未必能激发员工的热情。在企业的战略绩效工作坊中，我就强烈地感受到，当企业家或 CEO 在激情洋溢地讲述自己的战略想法时，在座的团队成员却无动于衷。因此，唯有以利他的核心价值为基础的愿景才能激发人心、凝聚团队。简而言之，任何企业除了获利以外，必须对社会进步、顾客价值、员工成长、社区和谐起到重要作用。

近年来，随着外部环境的剧烈变化，不确定的因素与日俱增，越来越多的公司开始描述与愿景相对应的公司价值观说明，也就是使命说明的核心。通过对大量卓越公司的长期研究，柯林斯得出一项结论：公司需要一整套核心价值观，以赢得长期持久的成功，只追逐利润是不够的。

看看韦尔奇在 20 世纪 80 年代在 GE 所进行的一系列价值观的推广：直面现实、坦诚、全球化、无边界、速度、激情、激励、群策群力等。GE

---

① 杰伊·艾略特：《与乔布斯一起领导苹果》，中信出版社 2016 年版，第 28 页。

非常重视这些价值观，他们把价值观印刷到塑封卡中，以便每个人随身携带①。

从个人 A⁺ 到团队 All⁺ 的关键是普世价值观的认同。在中国，"诚信"是普世的核心价值观，如果没有"诚"和"信"，一切都无从谈起。普世价值观会增强团队的凝聚力和企业竞争优势。例如，在 UPS 公司，价值观被视为战略资产，其重要性不断提升，他们将这种价值观用于竞争优势的三个关键重点：招募和留住正确的人员、促进创新和打造客户心态。

就像很多公司要求员工每天晨会朗读公司的 VMV（愿景、使命、价值观）一样，阿里巴巴甚至把价值观纳入绩效考核，并作为人才晋升的依据之一。同样，GE 公司在所有会议上都不遗余力地向员工灌输强化自己的核心理念。

在快速变化的时代，核心价值观的延续能够帮助员工乐于面对或适应新的挑战和实践。价值观不仅体现创业企业的本质，而且能使企业在创新和创业精神的驱动下，真正满足消费者对产品的需求。践行价值观是战略绩效达成的重要基石，只有践行价值观才能带来持续的成功，别无其他捷径可走。让我们看看星巴克的价值宣言：

我们的使命就是要激发并培养人文精神，从一个人、一杯饮品、一位街坊做起。我们满怀激情地依照道德标准采购最好的咖啡豆，精心烘焙，并提高咖啡豆生产者的生活品质。我们认真对待一切，我们的努力永无止境。面对客户，当我们全情投入，我们就会与顾客息息相关，会与顾客一起开怀，并提升他们的生活品质，哪怕仅仅是片刻也值得。的确，这始于

---

① 杰克·韦尔奇：《杰克·韦尔奇自传》，中信出版社 2001 年版，第 178 页。

提供一杯完美饮品的承诺,但是我们的工作远不止于此。它真正的意义在于建立人与人之间的关系。

从团队 All$^+$ 到 A$^+$ 公司就是一个放下自我、融入团队、利他共赢、彼此成就的过程。任何形式的基业成就——宗教思想、帝国伟业、赫赫战功,无不靠高远的共享乌托邦来支撑。利己和利他本是一体两面,距离却如沟壑难越,这正是企业难以伟大之根源。利他是起点上的超越,也是从个人 A$^+$ 走向团队 All$^+$ 的前提,更是持续卓越之根本。甚至可以这样说,是否有利他精神是区分企业主和企业家的标准,因为利他界定了自我与所有他人的基本关系。

5 组织能力

组织能力的关键在于为客户创造优于竞争对手价值的综合能力，核心是人岗匹配，关键在于组织结构的设计和优化。组织能力非常重要，它关系到组织战略能否继续适应组织的运营环境及环境中存在的机遇与挑战。

想要有效地支持战略行动的实施，公司就必须有正确的组织架构。如果一家公司想要改变自己的战略，那么也同时需要有足够的能力来调整组织结构使之相互匹配，但这绝非易事。公司的高管普遍都在抱怨，战略行动之所以让他们感到挑战，其实并不是缺乏方法，而是公司的组织结构缺乏相应的支持度。要发现机会很容易，但要把它们变成现实就困难得多。

战略绩效达成的许多问题，都与如何提升组织能力以更好地适应不断变化的环境相关。同时，组织能力也引领着组织战略的制定和执行，因为可以通过组织能力的延伸和挖掘来创造新的战略机会，这种机会是让竞争对手无法企及的全新领域和境界。

组织能力的关键是，组织如何获取和整合资源来提供满足客户需求的产品和服务。从战略的角度来看，组织资源既包括组织自己拥有的资源，也包括组织能够获得的、可用于支持自身战略的资源。在同一市场上不同组织间的绩效差异，很难用它们在资源基础上的差异来解释，因为资源通常是可以模仿或交易的。优异的业绩往往取决于可以创造组织能力的组织资源在各项战略活动中的配置方式。比如，优秀的人才并不能帮助组织提供业绩，除非他在正确的岗位发挥其才干，创造客户价值。

组织能力还包括对形成组织竞争优势发挥重要作用的活动或流程，以及管理这些重要活动和流程的组织结构、权限、政策和机制。

组织能力就像我们看到的"竹林"，竹子向下扎根六年，悄然生长，无声无息，可是一旦冒出地面，则一天之内的生长比过去六年还要多。

在辅导一家快速发展的物流公司时，总经理无奈地告诉我，"重业务、轻管理"导致组织建设落后于业务的发展，特别是职能和体系的建设。由于公司过于强调业务的作用，导致所有部门都围绕业务转，业务说什么就是什么，只要客户要的东西，几乎不加评估，一切都要求生产部生产，结果一个不大的公司，产品规格就达到300多种，生产部门苦不堪言。由于产品品种过多，不仅成本上升、质量严重下降，导致大量的客户投诉；同时，随着公司的发展和资本的杠杆作用，公司业务扩张，尽管团队成员非常优秀，但因为缺乏相应的组织和管理体系，结果每个人都感觉"精力透支，压力山大，对外看机会遍地，对内看挑战巨大"。

可见，组织能力的真正挑战并非只是战略的对错或执行的好坏，而是组织发展本身，特别组织结构和管理机制的建设。由于组织结构不匹配和缺乏相应的沟通决策机制，导致企业在遇到困难时容易产生相互责怪，在快速发展时相互防备。可见，持续提升组织能力有多么重要，特别是组织结构、成长体系、机制创新的培育尤为关键。

5.1 组织结构

组织能力的提升，首先需要打破影响人才发展和合作的传统组织边界。构建无边界的组织结构，基础是"责、权、利"的内在一致性。即拥有权力的人必须承担相应的责任，反之亦然。

进行"责权利"的划分，需要合理的组织结构设计，涉及四个主要影响因素：战略、规模、工作、岗位。

从理论上讲，公司必须先制定战略，然后才能设计一套对应的结构来支持配合，但实际上企业家更注重做出结构调整所需的时间、金钱和精力。例如，大型公司的结构都非常复杂，一个创业已经20年的公司若要进行组织结构的调整的话，往往会花费数年的时间，如同盖一座新房子总是比改造老房子更容易，从这个意义上讲，结构在某种程度上决定着战略。

历史上，福特汽车公司和通用汽车公司是两种类型的组织结构：一个是围绕"个人"建立起来的，一个是围绕"制度"建立起来的。其实不存在孰优孰劣的问题，而是历史的演进结果。由个人驱动的公司，对应的是公司发展的初级阶段；而出现更加复杂、制度明晰的管理公司，是为了满足现代市场需求的必然结果。

福特汽车公司是由美国亨利·福特一世在1905年创立，经过15年奋斗，成为世界上最大的企业之一，到20世纪20年代差不多垄断了美国的汽车市场，并在世界其他重要市场上占有领导地位，利润积累了10亿美元。但是，由于整个公司就福特一人掌权，到1927年，福特公司衰落下来，在市场上的份额降到了第三位。其后20年间几乎是亏损经营。1944年，亨利·福特二世接管了公司，改组了公司高度集权的组织结构，并换上了一个全新的领导班子，才扭转了公司的局面，使公司又迅速发展起来。以"个人"为中心的高度集权的组织结构形式，不能适应福特公司这样一个庞大的组织，福特二世认识到企业问题的所在，大胆实施企业组织结构的改革，建立了以"制度"为主导的更适合公司发展的组织结构，所以公司又发展起来了。

由此可见，组织结构是否合理，对于公司的生存与发展至关重要。可以说，公司组织结构的重要性仅次于公司最高领导人的挑选。对于各层管理人员来说，在一个结构设计良好的公司中工作，能保持较高的效率，并且能充分显示其才能；而在一个结构紊乱、职责不明的公司工作，其工作绩效就很难保持在一个较高的状态了。

比如，当史蒂夫重返苹果，担任临时CEO时，他主抓的几项工作就是：组织结构的调整，让组织架构重新回归到以关注产品为主；然后筛选合适的人才，将大家分成小组，重构产品线。在极短的时间内，史蒂夫就把企业打造成他所欣赏的扁平式、小团队、直接沟通的海盗式风格，所有的关注都聚焦在产品上[①]。

优秀团队未必能创造伟大的公司，关键在于团队之间的组织结构和组织协同。在这个联系越来越紧密的世界上，从战略上看，单个团队或公司往往是无法独自生存的。绝大多数团队和公司在很大程度上要依赖合作伙伴、供应商和客户网络来获得市场成功和维持业绩。这些网络像生态系统

---

① 杰伊·艾略特：《与乔布斯一起领导苹果》，中信出版社2016年版，第34页。

一样运行,在这个系统中,所有公司的成败系于一体。正如通用汽车前CEO斯隆所说:"在独裁者的领导者下,一个机构是不能发展成为一个成功的组织的。如果独裁者知道所有问题的所有答案,那么独裁制度是最有效的管理方式。但没有独裁者能做到这一点,将来也没有人能做到。"这意味着新战略的成功实施,需要组织和结构的所有变量相应调整。

G公司是一家集建筑钢结构研发设计、制作、安装于一体的大型钢结构上市公司。公司的业务始于1996年,1999年与德国K公司强强联合,2003年通过收购上市公司C,成功搭建业务发展的资本平台,从此驶上规范与发展并重的快车道。但到2013年,公司的业绩开始出现下滑。在深入访谈和深度分析后,我发现其中最主要的原因之一就是组织结构与战略的不匹配。

在"跑马圈地"的高速发展期,公司的战略方向就是一切以业务增长为中心,订单为王,谁拿到订单就是英雄。组织结构主要采取完全分权,甚至放权的方式,各地子公司都有高度的自主权,"完全的业务导向"导致企业内部组织高度重叠,甚至出现"长兄为父"的状况,就是业绩大的子公司同时也是集团的管理者,不仅管理自己,还要管理其他子公司,这样带来的挑战是角色混乱,特别是在重要会议时,双方都无法明确对方的身份,导致效率低下。

由于权力过于分散,各个子公司独立运营,资源无法充分整合。原来形势好的时候,更多关注的是交付期,质量和成本都不是重点;但现在客户的需求发生了变化,质量和成本开始成为首要条件,这样给组织管理带来了巨大的挑战,不仅是员工的观念需要发生变化,而且管理者的关注点也需要调整,从原来只关注交付期和财务指标,到开始关注产品和工程的质量、人才结构和人才培养，特别是技术人员的培养，而这些能力的培养须假以时日，绝非一蹴而就。

组织结构需要随着不同发展阶段持续进行优化和调整。特别是在快速变化的环境下，我们更应该采取主动和动态的方式来进行组织结构的设计。我们要围绕"组织"（organizing）这个动词而不要围绕"组织"（organization）这个名词下工夫，才能更准确地响应现实的挑战。

5.2 核心能力

在进行组织结构的动态设计时，需要注意的是，组织的本质不是结构，而是核心能力。人们记住苹果、星巴克、谷歌、华为、腾讯等，不是因为它的结构，而是因为它的核心能力。核心能力反映着这个组织因何而出名、擅长做什么，以及它如何传递价值。

组织结构是由组织借以运行的结构、流程、关系和规则组成的。组织结构必须把真正有意义的成果放在突出位置，特别是要与公司的愿景、战略相关。好的组织结构不一定能保证战略绩效的实现，但不恰当的组织结构却会让创造绩效的努力半途而废。

没有哪种特定的组织结构能让成功的公司与其他公司区分开。在进行组织结构的设计时，重要的是要认识到"正确的组织形式"是不存在的，每种结构解决方案都有特定的优缺点。比如，在分权的组织结构中，各部分成为不同的经营单元，就要求我们的职能部门要帮助公司的高层管理人员了解企业的绩效状况，并真正地持续支持各个分散经营的子公司和整个公司的战略绩效。但如果能针对独特的市场推出独特的产品或服务，分散经营是最有利于企业创造绩效和发展的组织结构。

组织结构通常有三种划分标准：以市场为基准，按产品分布、客户分布、地域设计；以流程为基准，按营销与销售、生产、财务、IT设计；按事业部、独立业务单元进行组织，让业务部门自负盈亏。重要的是判断组织结构的合理性应从以下方面思考：是否让工作得到简化、让人的价值得以发挥、让团队易于合作、让战略得以实现、让组织健康持续等。特别值得提醒的是，过于关注准则和程序、太多的红头文件等可能会妨碍组织发展，打击员工的积极性，耗费精力。高绩效的公司会设法消除不必要的官僚主义——过多的管理层、大把的章程规范和过时的繁文缛节。让公司的结构和程序尽可能简化、敏捷、开放，不仅仅是对员工，对供应商和客户来说都更具价值。

在辅导中，有个总经理告诉我，他的感受是：组织真正需要改变的不是技术和产品，而是人们的态度，有太多的管理人员把他们的职位仅仅看作公司对他们服务所提供的酬劳，甚至是把职位看成自己人生事业的顶点，而不是把它看作一个全新的机遇，结果是企业缺乏活力、激情和进步，管理者也失去了成长的动力。

事实上，为了更具竞争力，很多公司取消了管理层级，采用更为扁平的组织结构。随着组织变得精简，"如何组织"的问题从划分任务变成了注重协调。因此，结构问题不仅仅决定要集中决策还是分散决策的问题，还涉及找出组织的战略适应能力和发展能力起到关键作用的维度，作为重新调整结构时的标尺。

从2003年我就开始辅导一家传统的化工企业，随着外部环境的变化，上游供应商和客户都有进一步直接接触的需求，作为中间商的S公司顺应时代的趋势，自 2009 年开始从单纯的贸易公司转型为集研发、制造和销售于一体的国际科技化工企业。随后把原来各地的子公司改为统一的以地区为划分的营销中心，从而结束了各自为政、短期财务导向的子公司经营模式，进入资源统一调度、协同作战的品牌运营模式，极大地提高公司的组织执行力和客户的满意度。

展望未来，作为竞争优势的来源，如人才吸引与留住的能力、领导并培养未来领导者的能力、与客户共创的能力、快速学习与快速响应的能力、战略执行的能力等，变得越来越重要，推动公司必须尝试新的组织形式。一些公司建立了以知识创造和传播为中心的组织结构；一些公司为了更为精干灵敏，仅仅拥有或控制其价值创造过程中的关键智力和有形资产，其他都通过外包或者合作的方式实现。在未来，公司组织结构将变得更加虚拟化，越来越依赖由供应商、制造商和分销商组成的外部网络。因此，当领导者把关注焦点从组织结构上转向组织的核心能力建设时，未来的组织就诞生了。

5.3 赋能授权

组织结构设计的关键不仅需要考虑单个部门或个人"责、权、利"内在的一致性，更大的挑战来自如何在组织中上下管理层之间以及水平的不同部门之间集权和分权的平衡。集权和分权在不同的阶段、不同的行业各有差异。问题的关键在于分易合难，权限分出去容易，但管理起来并非易事，经常出现的结果是"一抓就死，一放就乱"；因此，组织能力建设的关键是在组织结构、核心能力的基础上进行合理的赋能授权。

事实上,权限的划分不仅与战略制定和组织结构的设计有关,更重要的是要考虑知识和信息在决策权分配中的重要性。好的决策,需要将与该决策相关的信息(知识)置于决策人的手中。从组织设计的观点来看,我们必须将有关信息和决策者的决策权适当联结、搭配。有两种方法可以达到上述目的:一是通过信息系统的建立或管理自动化等让决策者拥有所需的信息或专业知识;二是将决策权下放或通过分权分责机制把决策权分派给具有该特殊信息或专业知识的人员。

企业需要区分普通知识和专业知识。普通知识是通过书本或其他途径学会的,而专业知识需要长期训练才能获得。决策权的分配原则是确保决策人和决策所需要的知识和信息相匹配,要么使决策者拥有决策所需要的信息或专业知识,或者将决策权分派给具有该专业知识或信息的人。

陈春花曾提到,企业在不同的阶段,按照战略目标不同、所处的环境不同、对技术的要求不同、企业发展的规模不同,集权和分权也有所不同(图5-1)。

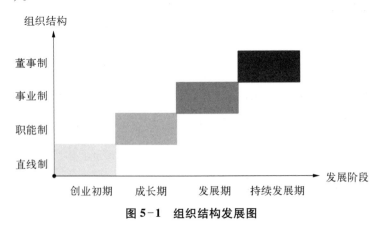

图5-1 组织结构发展图

在创业阶段，通常采用直线型的组织架构，就是所有权和经营权合二为一，没有授权和分权，决策集中，效率最高，成本可控，从而使得企业具有竞争力。

在成长阶段，通常采用职能型。其中一个重要标志是专业人士的引入，企业不再以经验来竞争，而是用专业能力来竞争，在组织管理上由专业人士负责企业的不同职能部门。此时，企业所有者部分授权给职能部门进行管理，但是创业者依然要从事管理的工作，所有权和经营权依然合而为一，以确保公司职能部门获得明确的支持。

发展阶段，通常采用事业部制。在发展阶段，企业开始需要关注高层经理人团队的建设、快速成长的安排、系统能力的提升。这个阶段最主要的特征是：引进职业经理人，所有权和经营权分离，企业家退到董事会的层面，管理交给职业经理人。

持续发展阶段，通常采用董事会制。在这个阶段，企业在战略上所要面对的是企业文化价值认同和理念认同的问题，这个时期的企业最重要的是领导团队的打造，而非一人领导。因为当企业发展到这个阶段，任何一个人都已经没有能力去承担那么大的责任，最为关键的是保证谨慎的决策，让企业保持组织的最优状态而非个人最优状态，呈现出董事会领导的格局而非一人领导的格局，其显著特点是部门所有权和经营权的再度结合，董事会承担起构建伟大公司的职责。

以我辅导的一家 A 公司为例。这家公司 1990 年成立，起初没有什么明确的业务方向，主要为 VCD、PC、打印机、复印机等厂商配套，其中模具、塑胶、电子、五金、玻璃等什么都做。正因为没有什么业务方向，所以也就没办法对组织结构做出明确的划分，通常是做什么事情创业团队大家一起上。在这个时期，公司权力等级简单，由于大家都是创业者，甚至可以认为没有权力等级，完全是家族式的合作关系。人员少、部门少，人员和部门都是一专多能，市场需要什么做什么。在这种直线式结构下，体现了组织的灵活性和快速决策的特点，在资金使用上也是小投入、快回收的思路，即"小步快跑"的模式。

基于直线制的组织结构，A公司完成了自己的原始积累和初步的市场扩张，并于2003年成立了控股公司。这一时期的组织模式虽然也不断变化，但还是有其内部规律的。业务规模不断扩大，市场不断拓展，强调资源的使用效率，要求管理上能够集中、高效。为体现这些管理目的以实现战略设想，A公司这时期实行了职能制。这种结构在统一指挥的基础上又强调专业化分工，职能制结构逐渐成形。

正是职能制，让A公司不仅仅业务上了规模，而且也形成了自己独特的企业文化，强调员工自主，内部创业，激发员工既要做事又要培养人才，以主人翁的精神对待企业，以创业者的身份要求自己。

随着A公司业务规模的不断扩大，已经拥有3家子公司和5家非控股公司，销售规模已近7亿。但同时职能制的弊端也逐渐显现，由于高层集中决策、组织庞大后决策速度下降，不能很好地贴近市场，领导者事无巨细的管理也不利于领军人物的培养。在这种情况下，集团于2011年提出了事业部的概念。

刚开始的事业部也是尝试性的，放权也不充分，可以称之为类事业部阶段。即把过去的所谓"一条龙"变成"三条龙"，由三个子公司分别经营。面对互联网+、工业4.0、自动化、智能化、客户定制等一系列外部的变化，A公司开始进一步反思自己的组织结构与战略匹配的问题，全面地从"一条龙"向"多条龙"转变，也就是向事业部的结构转变。"多条龙"最成功的莫过于手机配套事业部的崛起。

2014年，集团下属一个事业部因为传统配套OA行业的衰退导致整个公司的业务迅速下滑，一直没有起色，士气低迷，前途无望。而通过战略绩效工作坊的深度对话，制定了"大客户战略"，就是寻找未来的增长点、趋势和机会，最终选择与正在崛起的手机V公司配套，结果在三年后，公司随着V手机的快速发展而获得迅速的增长。

在这期间，由于放权效应，A公司高层开始有时间思考更深刻的组织问题，也开始有意识地总结A的经验。这时期的文化除了强调"多条龙"下的整体作战之外，还加入了分工配合的内容，开始形成"员工驱动、内部创业、价值引导"的组织发展三要素的思想，此时A公司对组织的认识开始成熟。

2016年，A公司对内部组织进一步优化，在"多条龙"事业部机制鼓励"内部创业"的基础上引入了"一线员工参股计划"，鼓励员工内部创业，鼓励人才培养，对创业成功和孵化出新事业部或新项目的成员进行持续奖励和重点培养。

企业需要清楚地了解自己所处的阶段，从而调整相应的结构。关键是第二阶段，企业需要花时间和资源构建专业队伍，而不是急着聘用职业经理人。一旦选择职业经理人的结构，就需要构建一个能够让职业经理人得到充分授权的环境。企业主需要把自己变成一个教练，从管理岗位上真正退下来，不断和职业经理人沟通战略、提供方向、赋能授权、达成共识、持续支持。如果企业主无法离开管理岗位，也无法完全授权，建议还是不要急于选择职业经理人的结构。

6 组织活力

共创组织的三个核心基石：动力、能力和活力，其中最具挑战的是组织活力。如果让人们之间充分互动，找到个人目标和组织目标的一致性，组织就能充满活力。这就需要在人才晋升通道、绩效考核和激励机制方面鼓励和引导人们最大程度的释放潜能。

在组织发展与战略绩效工作坊中，管理者问得最多的问题不外乎：人才发展的通道是什么？如何帮助员工进行有价值的职业规划？如何构建基于人才培养的绩效体系？如何持续完善组织的薪酬机制让组织充满竞争力？等等。随着公司的发展，组织的关键已经不仅仅是组织架构的设计和完善，组织本身的成长性已经成为组织发展的关键。成长型组织的根本是要建立伟大的公司，能够经得起风雨、超越人的自然寿命、历经经济周期仍然兴旺发达的公司。詹姆斯·柯林斯在《基业长青》中多次提到 HP 公司的案例。

HP 在创立之初，在经历连串失败和勉强算是成功的产品中学会了谦虚。可是休利特和帕卡德继续摸索、坚持、尝试和实验，一直到后来才想出如何构建一家具有创新能力、足以表达他们的核心价值观并赢得能够持续创造优异产品美名的公司。他们出身工程师，本来可以追求成为工程师的目标，但他们没有这么做，而是迅速地从设计产品转型为设计组织，创造一个有利于产生伟大产品的环境。比如，发展一个工程团队、贯彻财务纪律的现金支付政策、分红计划、人事和管理政策、"惠普哲学"等。

6.1 晋升通道

大量企业的实践表明，员工离职的首要原因是公司缺少个人发展的空间或者工作缺乏挑战性。组织要持续发展，一方面需要建立人才发展的通道，另一方面也需要有利于人才发展的机制，这也是为什么组织发展到了第四个阶段需要董事会制，而且尤其强调部门所有权和经营权要合二为一的原因：承担经营绩效的人能够和投资者一起成长，而这个成长机制的设计解决了组织持续发展的问题，而不仅仅是战略绩效的问题。

比如，宝洁公司的组织结构经历了母子公司结构、国际分部结构、全球地区结构和全球混合结构的变迁。目前，宝洁公司采取的组织结构是清晰的事业部制组织结构，这种组织结构的特点是能够适应不稳定的、高速变化的外部环境。事业部制结构形式的组织，可以针对单个产品、服务、产品组合、主要工程或项目、地理分布、商务或利润中心等来组织事业部。它的主要特点是"集中政策，分散经营"，即在集权领导下实行分权管理，每个事业部都是独立核算单位，在经营管理和战略决策上拥有很大的自主权，各事业部经理对部门绩效全面负责，总公司只保留预算、人事任免和重大问题的决策等权力，并运用利润等指标对事业部进行控制。

可以看到，事业部制组织结构不仅有效地处理了权力分配的问题，有利于实现全球的效益，而且避免了原来不注重本土人才发展的弊端。如果我们需要致力于构建和管理一家伟大的公司，那么在时间和资源分配上，就要求我们把主要精力放在思考组织的人才发展通道的设计和优化上，而不只是整天思考特定的产品、市场或利润等。记住，不是因为规模和利润就可以成为伟大的组织，而是源源不断的人才发展才能持续不断地提供优越的产品和服务。

传统基于短期绩效的组织结构急需要变革，那些制约人才发展的组织文化亟待创新。

在辅导S公司时，从2010年开始我们不遗余力地通过"定期工作坊"来梳理组织的人才发展通道。在过去的6年时间里我们不仅重塑企业的VMV（愿景、使命、价值观），帮助企业从少数的几个创业者的愿景、使命和价值观进化到由组织成员共同打造企业的愿景、使命和价值观；组织结构从直线制、职能制逐步变革到事业部制度；同时集团对子公司的管理模式也从过去单纯财务管控或直接命令向通过战略和财务相结合的系统管理模式转变；经营模式也从过去仅靠总裁个人进行管理的方式过渡到通过经营管理团队来对公司进行管理的团队领导团队的方式。

这一过程中还伴随着公司人力资源部的建立、人才发展流程的优化、战略绩效跟进体系的完善、领导梯队发展计划的实施、雏鹰计划的展开、企业经营管理委员会的建立、董事会制度的完善、员工持股分配方案的建立与实施、内部创业计划、技术创新奖励方案、高管绩效考核制度、案例分享机制，内部领导力成长分享会等一系列机制。通过这些结构、机制和文化的建立，这家公司实现了5年7倍的绩效增长，同时还为今后的发展打下来扎实的基础。

事实上，在组织中构建无阻碍的人才发展通道并非一蹴而就，而是持续改善和创新，这需要足够的耐心和智慧。

在辅导一家大型医药流通企业时，为了进一步释放组织的生产力和提高组织的核心竞争力。我们提出"小型业务部门"的观念，即授予部门经理经营自己部门的权力和自由，就好像这个部门是经理自己的企业一样，同时对提出有助于节省成本、增进服务、提高效率等创意的伙伴，实行现金奖励和公开褒奖的制度。为了帮助落后的部门和个人进行绩效的提升，我们建立"结对子"的帮扶机制，把落后的与先进的进行组合，实现以强带弱的团队合作模式。

在持续的战略绩效跟进过程中，我们逐步建立起绩效协议制度，就是每年与部门负责人就年度绩效目标、行动计划、激励和约束机制达成共识。此外还有人才推荐制度，对推荐人才的伙伴进行伯乐奖；月度绩效跟进会议制度，在每个部门内部建立定期的月度绩效会议；读书分享会制度，定期组织不同岗位成员进行"同一本书"读书与分享等。让我们设想一下，在一个几千人的公司里面，随着这些创新机制和欣赏文化的建立和推广，组织将爆发怎样的力量。

在进行人才发展通道的<u>建立</u>过程中，既需要考虑短期和长期的平衡，也要绩效和人才并重。

在一家集团公司做战略绩效辅导时，面对其中一家下属子公司的业绩瓶颈，CEO开始思考以下问题：为什么很多问题会重复发生？为什么很多问题一再出现而无法从根本上解决？为什么在业绩压力下有些管理者会出现失去底线的行为？为什么业绩不好的管理者无法很好地处理？为什么有绩效的人才无法受到相应的激励？为什么人才成长的速度无法跟上公司的想法、理念或战略？……他意识到在组织设计中，不能把公司的命运交给某个管理者、某个业务或某个客户,而是要从组织的角度来设计和管理,越是高激励的机制,越需要匹配相应的监督管理制度。特别是集权和分权的尺度,既不能完全放权,也不能完全集权,平衡和管理才是组织之道。

在优化人才发展通道时,特别需要思考每个机制背后的动机和意图。真正的组织发展是基于团队和人才的发展,就是把人才发展作为组织发展的目的而不是手段,这才是关键。在埃里克·施密特(2001—2011 年担任 Google 的首席执行官)撰写的《重新定义公司》中,多次提到里德·霍夫曼(全球最大的职业社交网站 LinkedIn 领英的创始人之一和执行总裁)的新书《联盟》,其中写道:"大家都很仰慕硅谷,因为这里产出了很多伟大的公司,但硅谷成功的秘诀是什么呢?是可以穿着拖鞋上班,还是有着满街的投资人?都不是!硅谷成功的秘诀在于几乎每一个员工都有着创始人的心态!"

展望未来,员工、客户、产品、市场、财务都会随风而逝,唯有公司本身才能持续进化。无论什么先进的技术、创意或产品都会过时,唯有优秀的人才是组织发展的根本。

6.2　绩效考核

如何有效地进行基于组织的人才培养?如何引导组织人才持续健康发展?如何打破障碍人才发挥的局限?关键在于组织的绩效考核机制与执行机制。下文以美的为例来说明组织结构、人才发展与绩效考核的相关性。

创立于 1968 年的美的集团,是一家以家电业为主,涉足照明电器、房地产、物流等领域的大型综合性现代化企业集团,旗下拥有三家上市公司、四大产业集团,是中国最具规模的白色家电生产基地和出口基地之一。从1968年成立,到2012年8月董事长交接,美的公司的治理机制经历了从"家族化"到全面开启职业经理人时代。

美的集团治理的主要特征是:通过事业部的改革,推动了公司在各个产品领域的专业化拓展,快速做大做强;然后将事业部定位向战略性经营单元转变,成为面向用户的全价值链的经营管理中心。在分权机制方面,明确重大经营管理事项,优化公司治理体系,落实三权分立原则,制定分权手册,权限管理制度化,加强分权事项执行管控、全部分权事项IT化、流程化。在集团总部、事业部以及事业部下属的经营单位的三级分权和信息管控体系中,做到集权有道、分权有序、授权有章、用权有度。

美的职业经理人的培养机制,以专业管理者、各职能部门总监,职业经营者、事业部负责人,内部企业家、董事长为核心的高管团队等构成职业经理人梯队,通过充分放权和以业绩为导向的考评激励机制,成为职业经理人成长的平台,培养优秀的职业经理人团队。在激励机制方面,通过年度经营绩效激励、年度奖励、浮薪及股权激励等"3+1"的激励模式和以绩效导向的年度经营考核、战略目标考评的契约精神和刚性的重大事项问责机制相结合的考评机制。在约束机制方面,对职业经理人红线约束,一票否决强化员工日常行为规范,对外部合作伙伴实施十大禁令等措施进行文化牵引。其中红线包括:做假账、以权谋私、未经许可投资竞争或配套产业、滥用职权损害公司利益、泄漏商业机密、妨碍监督或包庇违法乱纪行为[①]。

---

① 黄钰昌:《公司治理与高管激励》,2016年中欧董事长班课程讲义,第38页

美的的成功相当程度上应归于绩效考核机制的完善。任何组织想要获得持续发展，有些东西是必要的。具体来说，包括：财务管控（资金集中管理，数据说话、业绩导向、透明管控、创造价值），战略管控（治理规范、战略规划管理、重大投资管理），审计监察（内控和审计、绩效审计、流程审计、专项审计、刚性的责任追究），法务监察（设立廉政办公室、开展职务腐败专项治理行动），人力资源（敏捷型组织、赛马机制、执委会、管委会管理、敏感岗位轮岗、管理层亲属回避），流程与IT管控（全流程管理、主数据管理、IT系统建设）等等。

然而现实中，很多公司缺乏有效的绩效机制，比如战略、绩效、目标、资金、人才、市场等重要决策是如何制定的？权限如何划分？总经理是否有权调整年初制定的目标？决策团队如何组建？谁有资格参加公司的重大决策会议？需要达成什么共识？会议的机制有哪些？在用人方面，如果人员达不到绩效目标怎么办？如何建立与国际人才接轨的市场化机制？如何吸引优秀的人才？优秀的人才需要怎样的环境？接班人如何产生？等等。对这些问题的思考和解决都应该最终形成制度规范，并且能够有效得到贯彻。

绩效考核机制的核心是人才发展。企业必须考虑清楚我们需要何种人才？岗位特征与绩效考核设计取决于岗位和技术的不确定性。比如研发、业务、高管等岗位，他们预期绩效的成功率是低概率事件，因此建议KPI以结果为导向，重赏轻罚，筛选和淘汰并重，高自主性和决策权下放，保证一定的流动率。而装配线上的作业员，他们的预期绩效的成功率是比较稳定的，因此他们的KPI应包含投入、流程及结果指标，对这种岗位来说，培训和程序是至关重要的，适当的激励是关键，筛选和匹配同样重要。而对像核电站操作员或飞行员这样特殊的职业，预期绩效必须是正面的，一旦绩效出问题就是灾难或事故，他们的 KPI，投入指标、流程指标比结果更重要，其中包括行为、能力、品格等重要绩效考核指标，着重于升迁而非短期奖金，重视内部培训，反复训练，按章处理，按流程办事，一般不鼓励创新，有严格的筛选和淘汰机制，重经验，流动率低。

可以说，唯一真正能"控制"组织的就是人事考核机制，它们是对组织的信念、想法和真正立场的肯定。它们比语言更具影响力，而且能够比任何数字更清楚地反映问题。

6.3 激励机制

面对高管绩效薪酬，我们需要考虑的是绩效重要还是激励重要？高管薪酬的结构通常由固定薪酬和变动薪酬组成，变动薪酬分为现金奖金和期权股权，期权股权分为期权和限制性期权，限制性期权分为按时间授予和按绩效授予。

绩效与激励不同的是，绩效通常是指向后看，以实现业绩的报偿；而激励则是向前看，引导企业未来价值的创造。通常技术较为成熟或稳定成长型的企业绩效占总报酬的比重比较高，此时，短期现金奖金占的比重也应该比较多。而对于新兴市场、新技术、新产品或新客户的高速成长的创新型企业，激励重于绩效，激励所占总报酬的比重应当会很高，此时，股票或期权占经理人员的报酬比例也相对较高。

以下让我们以谷歌为例[①]，来看看组织的薪酬机制是如何激发组织动

---

① 刘明慧：《绩效与薪酬管理》，2015 年 12 月百度文章。

能的。

高福利、高薪酬，再加上贴心的人文关怀，让谷歌登上《财富》杂志2012年美国百家最佳雇主排行榜首位。以绩效为中心，谷歌采取全面薪酬制度，包括工资、津贴、奖金、福利、保险、股票期权等。业绩越好，收入越高。

根据项目的重要程度来分配奖金是一个有趣的设计，目的是为了鼓励员工创新。一个在眼前看上去并无实际应用的产品，一旦被公司采纳，奖金数目也很可观，可以引导基于未来的绩效文化。即，报酬不仅跟价值相关，而且跟长久的价值创造能力相关。比如股权激励就是常用的方式。

谷歌实施长期激励计划，作为传统的股票期权计划的补充。如新员工就能获得一些传统形式的股票期权，更重要的一部分则以股票的形式发放。股票数量根据个人绩效以及期权成交价格相对于其他同时入职员工期权成交价格的比较来做出调整。

福利是薪酬的另一重要部分，对增强企业凝聚力作用巨大。谷歌的福利政策在吸引和留住人才方面卓有成效。谷歌的工作环境一直为同行称道，健身中心、免费美食、免费理发、医疗服务以及各种高科技清洗服务等员工措施应有尽有。

谷歌的薪酬制度可以视作"以人为本"的典范，明确的薪酬福利政策、灵活有效的薪酬结构、及时有效的沟通反馈、全面的报酬计划，让谷歌汇聚了全球的创意精英，这也是谷歌澎湃成长的根本动因。

第三篇
共 创 战 略

创业首先是"创造业务"，业务并非只是公司思考的事，而是每个人的事，每个人都是一个业务单元，每个人都是经营者。成长型组织以每个业务单元的发展为中心，通过利他共创的方式在引领业务战略发展的同时实现组织业绩与利润的双增长。

增长的方式比增长本身更重要。战略增长的意义并非只是新科技、新产品或新服务，而在于创造新的价值，没有价值的新科技或新产品不仅不能带来利润，而且是在浪费资源。客户的视角就是机会，大规模协作正在改变一切，企业唯有与客户、供应商、合作伙伴彼此信任、利他互动、协作共赢，才能共创丰盛的价值。

共创战略不是资本绑架后的博弈，也不是被功名利禄所诱惑的冲动；真正的战略是解决客户的痛点，用饱含正确价值观的产品和服务引导人与人、人与自然、人与社会的关系的转换。企业只有充分认识到价值源于员工与客户的共创，唯有员工的成长和正确的价值观才是利润的源泉。

战略增长不仅是销售团队或高层管理者的任务，而是与每个员工息息相关，从处理客户投诉或呼叫中心的员工到企业的CEO，每个与客户接触的界面都直接影响公司的战略。"如果你没有在为客户着想，你就没有在思考"。伟大公司不只是满足客户需求、创造客户需求，而是与客户共同创造价值。

7 业务战略

在长达 15 年的战略绩效辅导中，通过观察和思考上百家来自不同地区、不同行业、不同阶段的企业，我发现战略成功的关键因素首先是选择正确的人，然后投资人和发展人，其次才是客户和产品。人是对的，企业就有正确的方向和持续的进步空间，虽然速度有快有慢；如果人是错的，或者说是不适合的，要想有好的战略绩效几乎不可能。

在辅导一家化工企业时，我留意到，战略绩效好的业务单元首先都有合适的人才，战略绩效差的业务单元则面临人才的缺失，特别是业务单元的带头人。其中有一个业务单元从 2008 年到 2013 年间换了 6 任总经理，业绩一直没有气色，风雨飘摇，士气低落，几乎到了要关闭的程度。2014 年，集团从下属业务单元抽调一个业绩不错的总经理来经营，这个人虽然没有经营过工厂，但因为长期受公司价值观的熏陶，领导力很强，在不到一年的时间公司就扭亏为盈，接下来的 3 年连续实现利润的增长。

无独有偶，我在辅导一家医药流通行业的 5 年间，5 个业务单元的带头人几乎全部都重新调整了，而且每换一个总经理，整个业务和团队都得到极大的释放。因此，业务战略的关键是人才战略，没有人才培养和发展就是没有业务的快速发展。

诺贝尔经济学家获得者罗伯特·默顿·索洛发现，除了土地、劳动力和资本三要素之外，还存在大量剩余要素在推动经济增长。其中最重要的就是知识。正因为知识没有极限，使得增长充满可能性。也是因为"知识"地位的提升，人的作用开始变得日趋重要。

无论是熊彼特，还是德鲁克，都一致认为，具备企业家精神的领导者作为重要知识整合者和创造者，对业务发展起着重要的推动作用。在《经济发展理论》一书中，熊彼特大胆阐述企业家在现实世界所起的关键作用，在他的定义中，企业家不是一位埋头苦干的企业管理者，甚至不是一家成功企业的所有者或首席执行官，企业家是"现代版的行业引领者"，孜孜不倦地寻找创新的机会。战略不是四处出击，而是在一个领域付出足够的努力，通过激发每个人的知识释放带来了经济增长的无限潜能。

早在1964年，德鲁克就在《成果管理》中说过，企业存在的目的是在外部、在市场上，内部只有成本中心；企业存在的目标就是要为社会、商业、经济体创造绩效。一个企业只有坚定不移地把创造客户价值作为宗旨、使命和任务，高度重视各种资源和财富的有效利用，才能真正创造有价值的业务。

2012年8月17日收盘时，苹果的股价达到648.11美元，市值冲到6 075亿美元。2012年9月18日，苹果公司股价正式超过700美元，苹果也以超过6 500亿美元的市值成为全球最有价值的公司。

苹果的成功有目共睹，究竟是什么造就了苹果公司的成功？从战略的源头来看，苹果的成功绝非偶然，它的研发（人才）、生产（产品）和营销策略（客户）紧密相关、彼此促进。

苹果的研发战略使其产品获得了很高的价值,决定了产品的竞争优势不在于先进的硬件,而是优秀流畅的操作系统和出色的用户体验,这就是一种产品差异化的过程。在生产战略选择上,苹果有能力采用完全外包策略——苹果不需要保留核心硬件的自制活动,它的产品没有核心零部件,因而不依赖于专门资产的投资。完全外包帮助苹果公司避免了自制带来的低效率和高成本,继而提高了利润。高价值和低成本,苹果的产品具备了基本的成功要素。

有了优秀的产品作基础,苹果得以采取比其他电子企业更为大胆的营销策略——饥饿营销和高定价。饥饿营销提升了苹果品牌在消费者心中的地位,消费变得容易多了。而高定价则不仅增加了苹果的营业收入和利润,为下一代产品的研发提供基础,而且反过来给消费者传输了一种信号——只有高价格才配得上苹果的产品。这两个营销策略都离不开研发生产战略的成功实施,没有优秀的用户体验,产品便吸引不了足够多的消费者以实施饥饿营销,也说服不了消费者为产品付出高价格。

可见,业务战略的本质首先是经营人才、经营客户和经营产品。在吸引和发展优秀人才的基础上,发现有增长潜力的客户和创造前瞻性的产品。特别重要的是需要充分考虑人才、客户和产品三者之间的内在关联性,通过深度分析,找出最佳的组合解决方案,并把最稀缺的人才集中在最可能取得成功的领域(图7-1)。

业务战略中"以客户为中心、专注客户需求",不仅仅体现在产品特征或渠道建设上,而是回归服务与价值的根本,保证与客户接触的每个界面和每次互动都要为客户创造独特的价值体验。要注意,客户不只是直接客户,还包括客户的客户以及供应商和合作伙伴等。

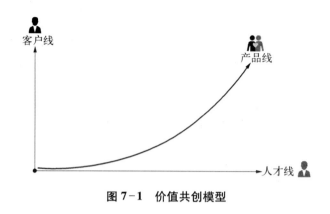

图 7-1 价值共创模型

价值共创是指让企业员工和客户充分接触，包括技术交流、合作开发、定期研讨会等持续解决行业的重大问题和技术难点，从而产生新的价值。以下将分别从人才线、客户线和产品线三个价值创造之源来分析如何发现和增长有价值的业务。

7.1 人才线

优秀的公司满足需求，伟大的企业创造市场。真正为客户创造价值、让客户"尖叫"的是人。业务战略的基础是人才发展，要发展业务首先要发展人才，唯有人才成长才能让创造顾客走得更远。

引进与发展人才是业务战略的关键因素，管理层需要营造良好的氛围，让组织所有部门都能相互联系，共同参与到业务战略的计划中以实现持续增长。

1. 人才匹配

今天，人才已经直接影响到企业战略的成败，但有越来越多的企业面临着中高层管理人才和业务人才的短缺。单纯靠外部招聘已经很难满足企业战略发展的需要，唯有系统发掘企业内部有潜质的员工，并结合业务战略培养和发展更多战略性人才，才能应对不确定的未来。

业务战略的核心是人才匹配，那些持续取得优秀业绩的领导者能够识别和发挥每个人的才能，把业务需要和个人能力相结合，花时间和精力把每个人安置在他们最擅长的岗位。

业务战略中一个经常犯的错误是，以个人专长或个人偏好来确定工作的重点和资源的使用，却没有将工作重点和资源集中在满足客户的需求上。业务战略的重点就是要把"关键人才"集中在真正创造客户价值的职能上。

一家汽车内饰公司为拥有高质量和享有盛名的技术服务团队而引以为豪，这个团队是由上百名花大价钱培养的人才构成，大多都是名校的硕士、博士。但是，通过对他们进行工作分析和配置状况研究，却发现他们虽然工作很努力，但做的事情与公司的业务战略以及客户的需求相差甚远。他们中的大多数人都在处理与业务战略无关的问题，几乎很少去拜访重要客户的工程技术人员或客户的技术服务人员，他们的理由是销售人员没有邀请，或者我手上的活还有很多未处理等等。

同样，在许多公司，销售人员的配置也不合理。对于难以销售的老产品，公司却分配数量众多的销售人员。而对明天的重要产品却很少得到销售支持。

比如，有一家做工业建筑的公司，由于传统业务遇到瓶颈，公司开始启动新的业务和国际市场，但由于传统业务的体量巨大和惯性力量，使得新业务所需要的人才迟迟无法到位，导致错失商机，公司不得不在传统业务中挣扎。人力资源部的理由是:"我知道你需要人才,但我们却没有能力来支持你,因为公司的财务导向,我们几乎没有人才储备和技术积累,现在外部招聘很难,内部选拔又没有人。再说每个子公司都有自己的短期绩效指标,如果人给你了,他们自己就无法完成业绩。"

可以说,很多公司一直都按照以上方式配置研发部门、设计人员、市场开发人员等,他们关注的多是业绩,而不是业务战略;关注的是内部事务,而不是外部客户;关注的是昨天的问题,而不是明天的机会。

我们不妨尝试着按照以下的表格(表7-1)来检视自己的公司发展新业务所需要的人才的配置状况。

表7-1 业务战略人才配置表

战略业务	业务定义	营销类人才	技术类人才	专业类人才	管理类人才
核心业务					
新增业务					
业务机会					

表7-1中把战略业务分为三类:核心业务、新增业务和未来的业务机会,在准确地进行业务定义的基础上,通过每个业务战略所需要的营销人才、技术人才、专业人才和管理人才的深度分析,可以清楚地看到业务增长或业务单元战略与人才发展的匹配度。

通常,劳动力的部分可以用自动化来取代,但是知识创意部分是特殊的人力资源,人才作为知识的载体,只有将他们具备的知识应用于与客户需求相关的工作中,才能转化为战略绩效。因此,企业必须把人才和客户视为一个整体,清楚地了解企业分配给客户、产品和服务的资源和努力。

"我们的人才结构有问题",一家成长型公司的总经理深有感触,"我们的品管人员有十几个,而技术人员只有不到三个,这样的结构太不合理了。质量是设计和制造出来的,不是检查出来的;而且设计才是最大的成本优化中心,显然我们需要调整。"要实现业务战略,企业需要聚焦少数几个方面,人力资源必须集中于业务战略中与客户和产品相关的工作,特别是高层次的人力资源。

通过业务战略的人才盘点,接下来就要反思人才与客户需求匹配吗?有以下一些问题是需要经常思考的:

- 你的销售团队是否关注最有潜力的客户?
- 你业务团队的人才结构能否满足客户真正的需求?
- 你的销售团队是否需要按照客户的行业进行规划?
- 你是否按照客户需求细分技术来更新、重新定位产品?
- 你是否会利用细分技术对客户做进一步的划分,从而为当前产品发现新的客户?
- 你的销售团队是否了解客户的决策过程与社交网络?
- 销售人员是否会剖析客户面临的机遇和挑战,并应用智慧帮助客户实现业务增长?

……

只有把合适的人才与合适的业务、客户、产品进行合理的配置,才能帮助客户实现有价值的增长,同时实现公司的业务增长,即所谓"着眼于客户,服务于客户,与客户共舞"。要践行这个理念,就必须不遗余力地经营人才。

2. 人才发展

与其说人才很重要,不如说"人才发展能力"更重要。业务战略的本质不只是人才争夺，而是一场人才发展战。有人曾经问松下幸之助：你公司是做什么的？松下幸之助回答说：松下是培养人才的，兼做一些电器生意。可见，松下公司把人才培养放在第一位。

传统人才发展的做法通常是中高层经理为自己确定继任者，有时也为直接下属确定继任者，预估那些候选人什么时候会做好升职准备。这种做法最大的问题是以岗位为中心，脱离公司的战略，因为中高层经理只是选择和推荐了与他们自己一样可以在现任职位上做相同工作的人；而公司执行新的战略需要具备不同知识和能力的人才，有时候，甚至不再需要原来高管的工作。因此，人才发展战略，首先是选拔合适的人才，也就是发掘高潜质人才。如果选拔过程做不到准确、有效、公平，那么人才发展系统就一定会失败。

在多年的实践中，我发现要做好企业发展的人才补给线，要注意五个关键点：设定人才储备的数量、增强企业内部的人才猎头、定义未来的人才、了解个人和组织发展需求、选择培养战略。

通常人才储备的数量是全部员工的 2%—3%，对于需要快速增长的企业，必须将近期有潜力的员工和需要长期培养的员工区别开来。每个企业的资源都很有限，公司必须做出选择，把高潜质人才分层，让企业为不同潜质的成员引入不同的培养策略。

这意味着在设计战略时需要区分哪些人才做出了战略性的贡献。所有的职位都有价值，但不是所有的职位都具有战略价值。迈克尔·波特认为战略是执行与竞争对手不同的活动，或者以不同的方式执行相似的活动，那些决定关键活动成败的人才就是关键人才。因此，建立人才发展战略的重点：首先是确定公司的客户价值战略；其次是找出与客户价值创造相对应的岗位或价值部门；最后确保优秀的人才安排在战略性部门或岗位上。

需要注意的是，对于在发掘人才上花费精力、承担义务的高管们要给予认可和激励，这些内部的"人才猎头"是公司的无价之宝。当然仅仅发掘人才还不够，真正成功的企业只是把提名程序看作人才发展的第一步，接下来要做的就是迅速行动，把合适的人选培养成企业需要的人才。

如果你不知道自己在寻找什么，那你永远都不会知道何时能找到。要培养未来的人才，企业必须清楚地知道自己未来想要什么样的人才，精确地定义未来人才的特征。尽管每家公司对未来人才的定义各有不同，但通常企业可以通过以下四类信息来详尽了解未来人才的优势和弱点：他曾经做过什么，有什么工作经验；他知道什么，已经具备什么知识；他能做什么，具备什么行为、能力和动机；他是怎样的人，具有什么的个性特征和缺陷。

在组织发展和战略绩效工作坊中，我们通常会通过多角度观察、360°访谈、性格测试、教练对话等了解高潜质人才的个人发展需求和组织的需要，并在此基础上选择相对应的培养战略，比如岗位调整、挑战性任务的安排、参与战略讨论、系统培训、教练辅导等。其中，挑战性任务对人才的培养相当有效，多年来，我一直对高潜力的人才给予挑战性的任务和过程中的培训辅导，事实证明，最好的办法是将培训和挑战性任务结合起来，两者相互加强。

在这些年的企业辅导中，我听到企业家抱怨最多的问题就是人才瓶颈。在我看来，真正的瓶颈不是人才，而是人才发展方式的瓶颈。通过定期持续的"组织发展和战略绩效"等主题工作坊，很多企业已经体验到在完成挑战性战略绩效过程中培养出众多人才的甜头。

在《从优秀到卓越》这本书中，柯林斯提出，只要让正确的人在正确的位置上，很多困扰公司和消耗资源的管理问题就会自动消失。因此，想要实现公司的客户战略，伟大的公司知道在人才搜寻和人才发展上花费额外的精力和时间是值得的。柯林斯认为，伟大的公司从外部聘用首席执行官的次数只有业绩不佳的公司的一半。在内部培养人才，成本更低，可靠度更高，而且能增强连贯性和提高忠诚度。

对于"人才期望从工作得到什么"这样的关键问题，我听到最多的是"自由和自主""激发挑战性""高的总体报酬"等。这些信息告诉我们，有才干的员工不会满足于只是为了完成季度业绩目标而处于无关紧要的位置，他们要的是在一个充满活力的工作场所里被授权去做出有意义的、积极的变革。口号和讲稿不会带来变革，变革的发生是因为你把正确的人放在正确的位置上并促使它发生。无论公司的战略是什么，只有在所有的关键职位上都拥有合适人才的时候，变革的进程才能真正上轨道。

无论是客户服务、产品开发、品牌宣传还是市场开拓，都需要人才。只要放眼四周，你就会发现，所有优秀公司快速发展的背后，无不是优秀人才对产品研发的成功，或大型项目的市场拓展的成功。因此，要想有发展，就必须有人才的支撑；否则即使有增长，也很快会进入下一个瓶颈。

领导者应时时反思：销售团队情况怎样？研发团队情况怎样？业务团队负责人的情况怎样？关键岗位人员胜任的情况怎样？当我问及一些公司的创始人或总经理时，很多人冒了一身冷汗。任何一个公司，如果认为它可以提供终身的工作保证，那么就走进一个死胡同。只有满意的客户而不是公司，才能给人们提供工作保证。游戏规则正在发生变化，人们必须注意到这个充满竞争的世界，公司能做的是对那些愿意参与竞争的人提供大量的个人发展的机会，尽一切努力让他们拥有"终身就业的能力"，而不是"终身就业"①。

公司是由人经营的，同时也是为人经营的。尽管有些资源可以被复制，但构成组织的人是独一无二的。人们在寻求归属感、成就感。我们的LCP课程（Leader As Coach，教练式领导）的毕业生总在问这些问题：我属于这里吗？他们说："有才干的人来公司，想贡献他们的想法，能自由地讨论、专业地成长，为公司的战略做出绩效。"可以看到，了解其关注重点、愿望和能力是人才发展的关键。注重人才发展的公司会将主要资源——包括来自高管的个人关注——用于建立和维护一支高效的工作和管理团队。

联邦快递本着学无止境的追求培养公司内部的人才，公司用总开支的3%开展培训，这个数字是普通公司的6倍。所有一线部门经理和后勤部门经理在工作的第一年都要参加11周的强制培训。已经有超过1万名员工进过"领导学院"，参加为期1周的课程，学习公司文化和经营等内容。很多其他公司采用了类似的人才发展战略并从中获益②。

近年来，吸引、激励和保留正确的人才已经成为很多成长型企业的重要战略目标。在经历了若干次盲目的裁员和整编之后，很多公司已经认识到替换人才和知识的代价有多大。因此，公司更加重视吸引、奖励和留住组织的各级人才，并通过能力开发保持进步，其中针对个人和集体开发未来的技能是战略灵活性的关键。特别是对领导力发展的需求已经越来越

---

① 杰克·韦尔奇：《杰克·韦尔奇自传》，中信出版社2001年版，第118页。
② 科尼利斯·德·克鲁维尔：《战略：高管的视角》，世界图书出版社2012年版，第94页。

大，飞速的变化和战略环境不确定性也增加了提供高效领导力的难度。我们在企业战略绩效工作坊中，每个季度，各事业部或业务单元的总经理和职能部门的负责人不仅需要充分准备和汇报自己工作的亮点和提升点，更需要接受教练挑战式的对话，以持续进行领导力的开发。

将领导力开发视为战略行动，建立高效有力的组织保障，非常重要。

如果没有克罗顿维尔，GE就没有一个新思想的传播场所。克罗顿维尔是坐落在纽约奥斯宁的一个占地52英亩的校园。这儿曾经是GE早期变革的策源地。前任CEO拉尔夫·科迪纳在20世纪50年代中后期建立起了这些设施，把他的分权思想灌输到了所有层级中。数以千计的GE管理人员被教导要控制他们自己的业务经营，要对盈利和亏损负责。多年来，克罗顿维尔中心的教师在"蓝宝书"的基础上教授了大量很实用的培训课程，"蓝宝书"将近3 500页，里面写的都是经理人应该做什么或者不应该做什么。成百上千的总经理就是在这些信条的熏陶下成长起来的[1]。

在人才发展中，不只是关注那些千里马，还要关注伯乐，奖励那些愿意花时间和精力培养人才的管理者。其结果是鼓励公司的各级领导与团队一起分享荣誉，而不是独占。这将使组织里人们之间的关系产生巨大的变化，把团队放在个人前面。正如美国篮球教练约翰·伍登所说："球队的明星就是球队本身。"好的领导人才不仅善于学习，而且带动组织一起学习。如GE的"每天发现一个更好的办法"，公司的各个部门公开进行分享成果，不仅传递新的经验，而且有利于加深彼此的信任。

---

[1] 杰克·韦尔奇：《杰克·韦尔奇自传》，中信出版社2001年版，第158页。

毋庸置疑，人才发展是在清晰公司的业务战略、客户战略基础上，识别那些决定战略能力有效性的战略职位，明确这些职位上的员工需要具备的胜任能力和行为标准，最后确保将 A player（A 级员工）配置在 A 类业务、A 类客户等相关的职位上，并配以相应的培训和辅导，以持续提升 A 类人才的能力，增强企业的竞争优势。

7.2 客户线

客户的成长或增长，对于业务战略来说是关键驱动因素，由于业务增长是所有公司长期生存能力的关键，所以客户成功是非常重要的指标。在大多数行业中，企业必须不断地寻找新方法来实现差异化和构建竞争力，这在早期的客户导向型企业身上，它们已经找到了答案。

有一家集团公司，下属 4 家子公司，最初大家都是为 OA（办公设备制造商）提供配套服务。但自 2011 年开始进行战略绩效工作坊期间，由于选择的客户对象不同，5 年后的结果大相径庭，其中发展最好的是一家为手机配套的子公司，在短短的 3 年内业务增长了 3 倍，其次是汽车、医疗、家电的配套，最有危机的是一直为原来 OA 配套的子公司，因为 OA 行业因为移动互联网的出现已经日渐衰落。

今天，客户经营与发展已经成为业务战略的首选。但在 2000 年以前，要让管理者在制定战略或投资时考虑客户选择、以客户成长为中心、帮助客户成功、关注客户留存管理等，几乎是不可想象的；但是在 2012 年之后，客户的满意度和忠诚度已经作为一个重要议题飙升至 CEO 雷达屏幕上的第一位。客户关系管理和客户管理的优先次序也因此而发生了扭转，从吸引客户、发展客户、留住客户变成了留住客户、激活客户、发展新客户。

客户作为企业发展的第二条生命线，有远见的企业已经开始和客户共同创造解决方案来满足客户的深层需求。客户共创是企业和客户以创新形式的互动、服务和学习机制来共同创造价值。客户共创源于客户的个性化和独特体验，是一种持续学习、增强和受益于客户满意度的驱动因素。

客户满意度的最佳衡量方式就是进行实地考察，考察对象不能仅限于公司的"忠诚"客户。总经理需要拜访那些订单量不稳定或下降的客户，这些客户都是销售人员不愿去拜访的。在拜访客户过程中要注意总结经验和教训，并从多个角度反思：我们如何才能做得更好？

在实际的衡量中，可以运用客户重复购买次数（复购率）和客户转介绍的意愿来考量。企业可以参考咨询顾问弗雷德·赖克尔德发明的客户满意度测评系统。其中净推荐值（NPS）主要关注的问题是：你愿意从多大程度上向自己的朋友或同事推荐我们的公司、产品或服务？从结果来看，NPS不仅评估了顾客满意度，如果领导者可以利用它来快速解决客户的问题，还可以提升员工敬业度，可谓一箭双雕。

比如，汇华作为一家企业教练服务公司，我们就把客户满意度作为公司首要的奋斗目标，坚持客户的成功是我们存在的动力，客户的困难就是我们的工作。公司本着"汇聚全球智慧、成就卓越绩效"的使命，我们的口号是"有困难，找汇华"。公司所有招聘的人才都是按照客户的需求进行挑选，确保与客户未来的战略增长和挑战相匹配，同时通过团结一切可以团结的合作伙伴，定期与客户进行全方位的接触和沟通，长期与客户进行深度对话，共创独特的价值。随着客户的绩效持续增长和组织的健康发展，他们开始发自内心向他们周边的人推荐我们的公司和服务。因此，业务拓展到全球的不同区域、不同行业，而公司几乎没有一个专职的销售人员，所有的客户都来自转介绍。

这样我们和客户的合作时间（重复购买次数）已经超过 7 年、10 年、15 年，而且转介绍的深度（净推荐值）已经超过了五代，就是说转介绍的客户因为感觉满意再次转介绍已经超过五层了，这些客户也已经构建一个共同成长、相互帮助的生态网，同时我们的员工在这个过程中同步成长，与客户之间形成了水乳交融的关系，此所谓"助人助己、成己达人"。

对一个企业来说，不仅需要知道客户最想要的是什么，同时也需要前瞻性地引导客户，与客户共创未来需求。

曾经有一家快速崛起的物流包装公司的创始人在回顾公司迅速增长的驱动力时说："我们创业成功最主要的因素就是客户共创，以客户为中心，我们把每个客户当成一个项目来做，每个客户的每个项目，我们都成立一支项目团队，团队成员由来自不同部门的拥有不同知识结构和不同特点的人组成，并通过与客户的不同部门进行充分的接触和定期的交流会来为客户提供增值服务，我们从创业开始就提出'服务重于产品'，为客户提供整体解决方案。"

我们认为，真正决定一个企业是什么样的企业，决定企业生产什么、生产多少，决定企业有无存在的价值和发展前途的，不是企业的利润动机，而是社会或顾客的需要。特别是在当今外部环境不断变化的过程中，保持企业活动与市场、顾客需要之间的平衡或动态均衡，是企业生存和发展的根本条件。企业组织中的任何一项活动，只有同客户需求密切联系和结合时，才能具有明确的目标、丰富的内容和旺盛的生命力。

放眼周遭，你会发现，产能过剩导致供大于求，互联网飞速发展导致信息透明，客户的降价要求日趋强烈。在新的市场态势下，光靠产品好、关系铁已经不足以争取到更多的订单，有时即使能拿到订单，利润也所剩无几，甚至做得越多亏得越多。

面对这样的困境，单纯从财务角度来考虑业务战略已经无法突破，因为企业自身的成本压力也无法消化。因此，突破的办法只有一个，那就是思维转换：不再把自己企业的成功作为首要目标，而是把关注点放在如何尽自己的一切努力，帮助客户成功。也就是说，从过去的"以自我为中心"的财务导向转为"以客户为中心"的价值导向。

这种思维转换不仅与总经理有关，而且需要公司所有成员的高度认同。很多公司虽然口头上以客户为导向，但实际的绩效考核指标还是财务第一，或者以岗位为中心，无视客户需求，过于关注短期利益而忽略客户价值。比如，以客户价值为中心，你需要问：CEO 与客户在一起的时间有多少？公司倾听客户意见的方式是什么？公司是通过什么制度或活动将客户价值导向的理念落实到文化上？

杰克·韦尔奇在企业内部推行六西格玛的时候，他发现，过去之所以没有效果，主要是因为过于注重公司内部导向而没有从客户的角度看问题。比如，六西格玛虽然只是关于一个方差的问题，但如何在六西格玛的应用中将平均值和方差联系在一起，同时让客户感觉到价值的创造，这是一个突破。过去，人们只是计算了制造或服务周期，并没有将客户体验联系在一起。比如，如果能够将交货时间从平均的 16 天减少到 8 天，那么进步就是 50%。当六西格玛项目成员在那里独自欢庆胜利的时候，客户却什么也没有感觉到，因为有些客户收到所订产品时晚了 9 天，而有些则早了 6 天。当把当初的平均交货期改为按照客户合约的交货时间正负一天

(±1)，交货的数量范围从15天（2—17天）降到2天（7—9天）的时候，客户确实感受到进步，因为收到所订产品的时间更加接近他们所希望的日期。一旦得到客户的认可，取得的效果也是惊人的。2000年，GE飞机引擎领域在50家航空公司做了1 500个项目，帮助客户获得了2.3亿美元的经营利润。通过将内部运营与客户的需求并轨，最终赢得了更密切的客户关系和更多的客户信任。

现在新的商业概念、新技术和新观点层出不穷，但都不能替代客户导向的战略思维。特别是面对外部巨大的压力和挑战，一个企业往往无法独自承受，就需要企业能够与客户、供应商以及其他企业深度合作与交流，形成共生共长的价值网络。真正的客户导向需要你深入客户的业务，与他们并肩作战，通过与客户充分互动共同创造价值。这样的共创过程有一大收获，就是减少客户流失。

通常，企业流失客户的原因不外乎两个：傲慢和拒绝改变。总是有很多公司几乎从不倾听客户的声音，当客户意见和企业自己的观点、经验有冲突时，管理者几乎不关心客户的直接反馈。当员工提到客户表达的期望、话题或关注点的时候，管理者往往用自己个人的看法做出反击和质疑，或贬低客户的想法。比如，一家汽车公司谈到消费者在汽车展示厅参观时往往会检查一辆车的咖啡杯架，一名顶级的欧洲CEO反驳说："我们造车是为驾驶，而不是用来喝咖啡的。"会议桌周围的频频点头显示了多数管理者都支持他的观点，即便该公司50%的客户都表示不会再购买其产品。那么，问题出在哪里呢？客户思维！

一个眼界真正开阔的人要将目光投放到办公室以外很远的地方。最具标杆价值的是沃尔玛公司，沃尔玛所形成的竞争力来源被命名为"高效消费者回应"。为了做到对消费者的高效回应，为此，沃尔玛展开一系列的企业合作和信息交流，它关注每一天顾客消费者的需求，把这些信息分享给所有的供应商，随时和供应商一起来满足客户的需求。

同样的情形出现在今天的苹果公司，苹果可以获得如此巨大的成功，一方面源于自己对产品和顾客的理解，另一方面得益于合作伙伴。当数以万计的开发企业汇聚在苹果的平台，分享客户的信息、共同满足客户的需求、提供全新顾客体验的时候，苹果也就成为这个巨变时代的领导者了。

在战略绩效工作坊中，我的第一个问题通常是：我们的客户是谁？他们发生了什么变化？一个合格的企业家或领导者需要敏锐地感受到市场形势的变化，特别是客户的变化、供应链的变化，从中找到未来的趋势。只有通过与客户直接接触，企业家才能够找到解决客户问题的方法，激发起客户的热情和创造力。

共创"客户价值"，是根本性的战略原则，不仅需要客户思维，还需要一系列的工具和技术才能落实到组织行动，接下来将从客户细分、客户定位和客户开发三个层次展开。

1. 客户细分

顾客（客户）细分是 20 世纪 50 年代中期由美国学者温德尔·史密斯提出的，其理论依据主要有两点：顾客特征（细分客户）与顾客反应（需求细分）。顾客是天生就存在很大差异的，只要存在两个以上的顾客，需求就会不同。任何一个企业不能单凭自己的人力、财力和物力来满足整个市场的所有需求，这不仅因为企业自身条件的限制，而且从经济效应方面来看也是不足取的。因此，企业应该分辨出它能有效为之服务的最具有吸引力的细分市场，集中企业资源，制定科学的竞争策略，以取得和增强竞争优势。

在对一家为能源行业提供配套的公司进行客户分析时,我发现在长达十年的时间里这家公司几乎没有对客户进行过任何分析,更别说对产品和人才进行分析,把人才、客户和产品进行匹配。似乎客户就是公司的,跟其他人没有关系,销售人员不断流动,客户的类型和数量也在不断变化。不但客户类型混乱,需求不清,什么订单都接,导致产品品种繁多,生产排单混乱,交货期延迟;引发应收账款高居不下,销售人员无法及时拿到奖金,出差费用报销无法兑现,又导致销售人员不愿出差拜访客户,甚至离职。整个企业进入恶性循环。

经过定期的战略绩效工作坊之后,我们逐步帮助他们把客户按照使用者分为主机厂和配套厂,按照渠道分为公司直销和代理分销,这样构成一个客户分类矩阵。通过分析发现,公司目前的客户几乎散落在各个区域,而且还有其他没有在这些区域的客户,比如贴牌(OEM)的客户等。最后大家达成共识,在巩固主机厂直销的客户(D区)基础上重点提升主机厂分销的客户(C区),这样不仅可以发挥公司技术应用的优势,同时利用代理商的本地化管理的优势,可以减轻公司的资金和销售费用的压力(图7-2)。

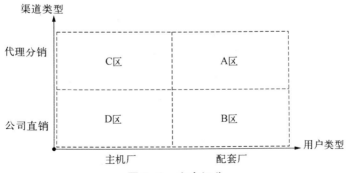

图7-2 客户细分

通常，在既有产业中，和同行或产业体系中的各种企业进行合作是最基本的策略构想与行动。但更理想的是通过对客户的成长性进行分析，重新定义市场，进入无人竞争的蓝海。

在2010年的一次战略绩效会议上，L公司发现自己所在的传统纺织业已经产能严重过剩，应收款和库存高居不下。通过深度对话和研讨我们发现，真正的局限是高管对市场的定义，一些自以为聪明的高智商管理人员把市场定义得非常狭窄，认为要实现增长只能通过价值链上下游延伸，如向上游做品牌，或向下游与渠道商合作，或者销售方式的变化，如向电子商务发展。结果花了整整两年时间的努力，不仅没有起色，资金链反而变得更加紧张。

在2012年的一次公开高管领导力课程中，L公司的总经理与汽车行业的总经理之间的一次谈话中，决定将业务转为汽车内饰配套。这一转变打破了传统的思维定式，拓展了更为广阔的市场视野，改变了L公司的成长速度。通过重新定义市场，此后的5年中L公司的业务增长进入了快车道，不仅营业额实现了快速增长，利润也比过去增长了3倍，企业重获生机。

由此，对于客户分析，关键不在于简单分类，而是找到未来的机会和新的增长点，这需要思维转换和痛苦转变。特别是当价值转移到新的客户群时，最具挑战的莫过于运营方式的转变和团队能力的提升。如L公司，在转型中经历了惊心动魄的挑战，不仅大批设备被迫以低价出售，同时因为向原来的客户说"不"而影响了账款的回收，营业额从原来的高点迅速回落，进入一个新的爬坡期。这个过程中，企业家和领导团队如果没有足够的耐心和信念，转型都不可能成功。

客户定位

客户定位指的是，在客户分析的基础上如何选择未来的客户？事实上，在进行客户选择的时候，"哪些客户不能选择"比"选择哪些客户"更重要。

有一家小型工程技术公司，为了生存，"捡到篮子都是菜"，什么客户都做。结果在每年不到 4 000 万销售额的情况下，大大小小的客户就有 200 多家，大的一家每年购买 400 万，小的一家购买 1 万，甚至几千元。这么做的结果是，短期看起来还有增长，长期根本没有前景。原因在于，不能识别出成长性好、有价值的客户并持之以恒地提供服务，就无法形成企业竞争力。

在客户定位时要放眼未来，不仅需要考虑行业的因素，而且需要考虑客户本身的发展和自己的能力。要从客户的视角来看问题，思考为谁创造价值、解决谁的问题。优秀公司无不是站在客户的角度持续提高新品上市的速度、延长产品的生命周期、丰富产品的功能、拓展产品的应用。

客户定位的核心是聚焦客户的需求，持续为客户创造价值。客户的需求从哪里来？过去，人们关注的焦点通常只是直接客户，而现在，企业不再仅仅考虑直接客户了，为了发现并维持现有客户，我们必须开阔自己的视野。

在一个价值不断转移的世界里，我们的目光必须同时盯住价值链上的两个、三个甚至四个客户群。比如，一个汽车表皮的供应商必须了解购买自己表皮的主机厂、一级供应商、汽车的分销商以及最终用户的购买动机。

比如，N 公司从 2011 年开办到 2016 年连续 5 年都无法走出困境，原因之一就是，销售人员不了解客户需求，研发人员不接触客户，甚至不了解未来的客户偏好，只是根据自己的兴趣和已有的资源进行产品的开发。管理者也不去客户现场，只是在公司内部开会，没有任何与客户直接接触和感知的经验，结果，造成产品研发出来几乎无法满足客户的任何需求。

客户开发

客户开发，主要是聚焦与公司价值观一致且有潜在实力或成长空间的客户，特别是要及早发现有成长潜力的客户，尽早把资源、时间和精力等投入这些客户，实现共同成长。

客户细分和定位是一种能被每个人运用来激发源创新的简易工具。它不仅能帮助企业创造盈利性的增长，而且为客户和企业双方带来长期价值的差异化竞争方式。更重要的是，客户可以在每次的月度或季度工作坊中，或者与组织中的其他部门逐一对客户需求进行分析，从而触发有关收入增长的灵感。

客户开发必须具备洞察客户需求的能力，像优衣库的柳井正一样时刻关注客户需求的变化，及时调整企业的战略。

在和大学生接触的过程中，柳井正萌生了一个新念头，他想让选购休闲服装的人能够像超市购物一样自由，不需要导购在你身边絮絮叨叨地讲解衣服的优劣。真正的喜欢，应该像情人一样，具备一见钟情的心理感应，一眼就能够从千百件相差无几的衣服中认出来。从消费者的角度，这样的消费模式更适合以自助的方式出现，任凭人们在卖场里自由自在地闲逛，只是在等着和钟爱的衣服邂逅的那一刻。他把这家看似普通实则暗含玄机的休闲服装贩卖店命名为优衣库，即"存储衣服的仓库"[①]。

---

① 李鑫：《柳井正全传》，中国华侨出版社 2012 年版，第 30 页。

7.3 产品线

因为忽视市场、迷恋自身技术或受短期绩效目标的牵制，很多公司的产品逐步偏离正轨，或者高调出现后快速陨落，根本就没有和用户建立有效的联系，没有任何生命力。

每个企业都需要清楚地界定自己的客户并为客户创造独特价值，而价值的载体就是产品、服务和品牌。在规划业务战略时，我们必须对产品进行深度反思，比如，你是否对客户的购买行为特征进行有效细分，并识别出客户最重视的产品特性，从而使定价策略能够提高企业的收入与净利润。产品的市场定位容易遭遇新的竞争对手、新技术以及微观经济因素的影响。通常，公司通过对市场重新细分与对产品的重新定位，将不利的市场因素化为实现源创新的机遇。

产品定位

产品定位不仅要关注产品的销量，还要关注产品的趋势。产品生命周期模型也许是最著名的行业演变模型，该模型认为，行业会经历四个阶段：导入、成长、成熟和衰落。研究显示，一个行业或一类产品的演变取决于一系列因素的互动，包括对手公司的竞争战略、客户行为的变化以及法律和社会影响等。

产品定位的关键是首先要确保找到自己的爆款产品，所谓爆款产品不仅是指销售量大，而且是指无论遇到怎样的危机，这个产品都有人需要。比如 CT（计算机 X 光断层摄影术扫描仪）永远地改变了医疗器械领域的格局。1976 年在 GE 公司，它只是 2.15 亿美元不赚钱的产品，到 2000 年，这部分业务已经成了 GE 所有业务中一颗璀璨的明珠，每年可以达到 70 亿美元的销售额、17 亿美元的利润。

爆款产品不仅能解决客户的痛点、超越客户的期望，而且能引爆客户的转介绍。现实中，很多公司的特点是产品很多，但是爆款很少，更多的是生意思维，客户要什么就提供什么，而不是在少数产品上投入足够的时间和精力，精益求精。比如，一家传统的纺织公司，由于不愿意放弃任何一个订单，导致最后一个不到 200 人的制造厂生产的产品系列包含上百个品种，而真正适销的品种不超过 2 个。同时，这 2 个品种所创造的收入不得不弥补另外 90 多种销售不好的产品所消耗的成本，这还不包括为了生产这些产品所需要维护的设备、准备的人员等。

爆款产品需要的是聚焦和极致，企业在业务战略方面的核心瓶颈之一就是产品混乱。产品种类繁多不仅混淆客户的心智，而且会极大增加企业从开发、原材料采购、生产、仓储、运输等所有过程的成本。如果成本合理，大多数企业生产的主要产品完全有竞争力，但由于只有少数产品能真正收回成本，从而把资源浪费在大批量没有利润的产品上。

比如，在辅导一家医药流通企业集团时，我们发现每个业务单元的产品品种数量混乱不堪。在经营长达 15 年的时间里，几乎没有人对产品进行过任何专业的盘点和分析，他们更多的只是关注销售规模、供应商关系和返点；结果是客户要的产品几乎没有，自己有的产品客户又不需要，导致库存积压，回款超期，现金紧张。

直到 2014 年的战略绩效工作坊，通过多次绩效对话，业务单元总经理意识到，产品是人才和客户之间联结的纽带。作为流通行业，没有匹配的产品，人才和客户就失去了联结，带来双方的不满。于是，从 2015 年开始，凡是重视产品品种经营的业务单元，业绩都得到大幅度的提升：销售额增加，利润翻番，客户满意，士气大增。

从此，这家公司把经营产品品种作为公司的主要业务战略，不仅关注销售人员绩效达成率，更关注客户品种的满足率。把采购、销售和开票构建成客户服务的"铁三角"，彻底地解决了销售责怪采购不了解市场，采购抱怨销售不了解产品，开票责怪销售与采购不了解客户等之间的内耗。

给产品进行细分和定位并不太困难，难的是如何评估已经发生变化的产品。特别是出现销售退化迹象的产品。我们怎样才能知道今天的生财产品会变成明日黄花？哪些产品是错误的投资？不同产品的寿命是不同的，有些产品的寿命只有几个月或几年。而有些产品却似乎是另类，比如阿司匹林到现在已经有上百年的历史了，期间几乎没有什么变化，而且几乎没有变得过时和被人厌倦的迹象，而它所处的行业是以瞬息万变和创新率高而著称。

产品开发

如何在老产品生命周期结束前进行成功的转型？如何创造更多有生命力的产品？哪些产品是开门产品，用来抓住大众用户？哪些是用来抓住细分市场的用户？哪些定位于积累用户的数量？哪些定位于增加营收？如何规划出产品的地图或发展轨迹？很多公司都有客户经理，但很少有公司有明确的产品经理，企业对产品的长远规划几乎是个空白。

大多数公司和团队都知道要创造出符合用户需求的产品，却不知道从哪里下手，一方面没有产品开发能力，另一方面也缺乏产品开发的经验。

埃里克·莱斯在《精益创业》中指出：新产品最大的风险在于"价值假设"和"增长假设"。价值假设是指生产处理的产品是否如设计人员所想的那样，是用户需要的产品，而增长假设则是指新的用户通过什么渠道得知并购买你的产品。他建议，从一开始就让产品以各种形式与用户接触，了解用户的需求和反馈，再进行快速迭代，而不是等到产品开发完成后才面对客户。这一理念帮助很多优秀公司构建起以客户为导向、快速验证、快速修正的敏捷开发体系。

产品渠道

产品、渠道与市场三者之间出现失衡，是业务战略失败的普遍原因。

比如，有家医药公司代理的是一个不错的药品，过去主要通过一级、二级分销渠道进行销售的，虽然业绩差一点，但基本维持一定的销售量。但随着竞争的加剧，团队应对能力不够，销售额逐年下降，库存增加。为了解决这个问题，公司开始对这个业务进行变革：公司自己组建销售团队，对产品进行直接销售。由于过去是渠道分销，销售代表只是促销服务，销售能力要求相对不高；但直销后，销售队伍能力跟不上，培训机制又不健全，模式很难继续，只好重新启动原来的渠道。

产品、市场和渠道结合分析才有价值。特别是现在分销渠道变化的速度比客户的期望快得多。2010年，在给步步高公司下属的OPPO手机渠道经销商进行辅导时，经销商的热情和斗志简直令我震惊，特别是步步高的价值观（本分）的渗透和体系化的渠道管理（经销商激励）。其中步步高强大的渠道联合体，三、四级市场的王者渠道和终端体系，一直为业内称道。步步高派系和渠道经销商建立稳固的关系，省代和公司都存在股份合作的关系，这样经销商不仅战斗力强，而且忠诚度极高，在传统的渠道里占据很强的优势。在运作过程中，已经形成了标准化的运作体系，有特色的产品加上强大渠道，成功水到渠成。

产品服务

需要留意的是，服务已经越来越成为产品的一部分。所谓顾客满意度不仅指产品的好坏，而且指被客户牢记的情感体验。满意的客户更可能进行重复购买，并愿意进行口碑传播。因此，除了产品之外，能否比竞争对手向客户提供更多的售前服务（全定制、准时送货以及适当的结算方式）和售后服务（物流和运输的可靠性），也是极为重要的竞争因素。

在服务方面，要为客户创造哪些体验？对这一问题答案的探索引发整个行业产品的创新。如今创新型的企业采取了较之前更为广泛的客户价值创造机制，包括为客户提供融资、辅助产品、解决方案、应用辅导、设计参与、价值共享、授权许可等多种方式。有一些是提供直接产品，但更多的是提供增值服务。比如通用电器资本服务是 GE 发现自己的商户群在金融方面的需求和欲望而成立的金融服务平台。目前，资本服务是 GE 所有业务中最重要的一部分，收入大约占 GE 总收入的 1/3。

提起服务，很多公司都把服务只是看作产品的售后服务，"售后市场"的这种说法本身就把服务放在次要的位置。在一些大型设备企业中，工程师喜欢花时间去钻研那些最新的、最快的和最有力的技术，而不怎么考虑"售后市场"。这种想法并非只限于工程师，销售人员也将主要精力放在客户对新设备的需求方面，而忽略客户在服务方面的需求。

服务作为未来的趋势需要得到应有的关注。这是实现从"以产品为中心"真正转化为"以客户为中心"的关键环节。回顾历史，传统的销售模式在近百年的时间里几乎没有发生什么大的改变，特别是在供应短缺的时代，为了保证稳定供货，买方不得不提前几周甚至几个月下订单。此外，由于信息不对称，买方对卖方的信息知之甚少，几乎没有什么议价能力；

卖方的销售人员基本只需要等着接单就好了。时至今日，除了极个别的关键零部件或稀有产品还享受这种待遇外，那样的好日子早就一去不复返了。

随着互联网的普及和新的供应商不断涌现，几乎全球各地的供货信息都唾手可得。这就需要你改造现有的服务模式。你不仅需要了解你的产品，更需要了解客户的业务是如何经营的，客户不仅需要降低采购成本，还需要确保自己的产品及服务能受到客户的青睐；他们希望战胜竞争对手，保持领先地位；希望拓展业务提高赢利，获得稳健的现金流。虽然客户不会明说，但他们想要的不只是做一锤子买卖的供应商，而是真正能够助他们一臂之力的长期合作伙伴。

比如，在辅导一家汽车内饰公司的销售经理时，她告诉我，现在的主机厂和配套商，所谓质量、价格和交期（QCD）已经是基本要求，他们要的是：你能真正理解他们的业务，能提供差异化的服务，能帮助他们进行技术设计或管理改善，能及时分享前瞻性的市场信息，能整合资源解决他们所遇到的技术或管理难题，能提高他们在市场上的竞争力，从而带来业务的增长。

要让服务质量改观，企业就需要在技术服务方面持续投入。技术投资可以改善公司和客户之间的关系。实际上，如果能帮助客户对原有的设备进行软件升级，并提供"连续服务"将会为客户的投资延长"寿命"。

比如，早在1986年担任GE医药业务的CEO约翰·特兰尼，就是凭借这个早期的决策发展起来的。在约翰眼里，服务的机会更大。他是第一个在医药系统里推出长期服务合同的，也是当时唯一开展远程诊断服务的。该系统建立了全球性设施，用它们安装的设备提供每周7天、每天24

小时的远程诊断服务。他们对服务方面的重视程度也与设备问题一样，因而成效显著。GE 公司医药业务的收入从 1980 年到 2000 年增长了 12 倍，而服务是增长的一大部分①。

事实上，增值服务来自对客户潜在需求的深度感知，正所谓"从客户中来，到客户中去"，门到门地为客户提供服务，需要企业投入大量的时间和精力，尽可能深入了解客户业务。特别是客户的业务战略，比如，客户的发展目标是什么？他们的客户是谁？他们的产品是什么？他们是如何创造市场价值的？他们与竞争对手的重要差异体现在哪些关键要素上？他们最关心的财务指标有哪些？等等。只有深入了解了客户的业务，才能制定出切实可行的业务战略，真正帮助到你的客户。

为此，企业要充分调动各个部门的资源，全面洞察客户。你应当系统地整理大量有关客户的信息，并将这些信息在数据库中分享，以此为基础来设计制定帮助客户获得成功的最佳方案（图 7-3）。

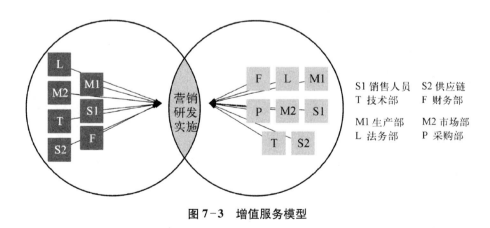

图 7-3 增值服务模型

---

① 杰克·韦尔奇：《杰克·韦尔奇自传》，中信出版社 2001 年版，第 291 页。

在为客户提供增值服务的过程，优秀的营销人员善于充分调用总经理和集团高层的资源，充分共享信息，通过团队的力量帮助客户成功。此外为客户提供增值服务，不仅需要加强与客户的沟通，倾听客户的声音，深入了解你的直接客户，还要了解客户的客户。只能满足你的客户的需求还不够，还必须掌握是什么在吸引客户的客户。要想为客户量身定制市场解决方案，你必须知道他们的客户是谁，想要什么，有什么问题，抱有什么态度，怎样进行决策。要想为你的客户设计独具匠心的产品及服务，你就必须追本溯源，从最终消费者的需求出发，倒推出你的客户的需求。

为客户提供增值服务需要建立信任和口碑。你必须认识到，应用新的服务方式，需要更长的周期才能拿到订单及产生效益，这需要耐心和坚持。你需要坚定不移地与客户创建高度互信，这样才能促成双向沟通的深入开展。树立信任和口碑的确需要时间，然而一旦树立起来并发挥作用时，销售周期就会变得非常短。

总之，业务战略的根本是人才、客户和产品的高度统一，优秀的业务战略源于以人为中心，通过人的持续学习和成长，从而发现客户隐藏的真实需求，并通过公司各个层面的团队与客户对应的团队成员进行充分的交流和互动，创造出有利于客户本身业务战略的产品和服务，从而构建成真正的战略合作伙伴关系，实现共创共赢。

8 经营战略

经营战略的目标是提升利润的同时实现收入增长。共创战略的基础是业务战略,好的业务战略是经营战略的重要组成部分。当提及公司的经营战略时,我们首先需要思考的是每个业务战略是否成功,然后从公司的角度来进行有效的业务改善或组合,并在基础上提高运行效率。

如果没有业务战略的成功,一味追求利润,会使企业陷入"未老先衰"的困境。伟大的公司优先把核心资源投资于业务战略的源头——人才线、客户线和产品线,并系统、专注地去经营人才、经营客户、经营产品,从而在帮助客户获得成功的同时获得有价值的公司增长。

华为为什么可以实现收入与利润的双增长?阿里巴巴为什么可以实现业务的不断创新?腾讯是如何迅速崛起并持续发展起来的?长城汽车为什么能在众多品牌中异军突起?美的又是如何自我挑战而进入世界 500 强的?仔细分析这些企业成功的背后,无不是有着明确的客户价值主张、良好的业务组合和以人为本的生产力持续创新。

20 世纪 90 年代后期,Apple 公司一度陷入困境,乔布斯重新回归后,制定了一系列行之有效的战略措施。将复杂的产品线简化为 2 个维度、4 个象限:移动和非移动技术,专业和非专业用户,将产品的方向锁定在非专业用户的移动应用的需求上。将公司的规模和业务范围据此缩小到恰到好处的地步，确保在竞争日益激烈的个人计算机领域，足以保证公司的赢利，并在此前提下，对公司业务进行大刀阔斧的重组，仅仅保留核心业务部分。从此，苹果公司起死回生，并一跃成为全球市值最大的企业。

可见，经营战略的根本是业务战略的聚焦，挑战越大，就越需要聚焦重点，只有这样才能获得竞争力。通常，好的经营战略看起来都非常简单，不需要用很多的图表、模型来解释，而是通过确定一个或两个关键问题找出能够事倍功半的"着力点"，然后集中资源与行动将其解决。

经营战略的前提是首先发现并确认业务战略前进道路上的主要障碍，并采取连贯性活动来克服；其中，连贯性的活动必须以提升企业的核心竞争力为前提，在一些与企业核心竞争力不相关的利益面前，要经得起诱惑。

企业需要从过去单纯追求规模的做大做强，转化为有效益的增长，即在做强和做大之间找到平衡。由于做大和做强相互关联、相辅相成，好的经营战略将同时关注两种战略路径：收入增长和利润提升（图8-1）。

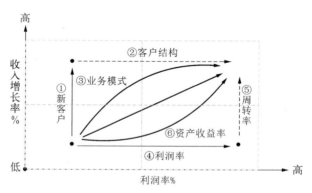

图 8-1 双增长战略模型

双增长战略模型的横轴是利润率，纵轴是收入增长率，双增长指在增长收入的同时实现利润率的提升，或者在保持一定利润率的情况下，企业收入按照一定速度增加。

8.1 收入增长

增长战略是有关公司或组织未来的关键事件。对于每个企业来说，无不渴望增长，没有增长就没有挑战，没有增长就很难为人才发展提供机会，没有增长就无法满足员工改善生活的需求。但是，不能为了增长而增长，而要通过人才发展和业务创新来实现收入的增长。

一般来说，公司收入增长可以通过以下 7 种主要的途径来实现。

- 增加市场份额；
- 开发忠诚客户和利益相关方；
- 开发强势品牌；
- 创新产品、服务和体验；
- 国际化扩张；
- 合并、收购、联盟和合资；
- 建立良好的社会责任或与政府合作。

不同的增长路径对公司的影响也大不相同。历史证明，大多数企业的合并与并购对于组织的长期健康发展和收入增长率的提升收效甚微。同样，资源使用效率低下的增长也是不可行的。因此，企业需要对收入增长进行重新认知，应通过内部创新和人才发展而实现内生性增长。

从2009年我们开始对H集团进行战略辅导，首先我们花了近两年的时间进行企业文化建设：包括愿景、使命、价值观的重塑；跨部门的团队建设、冲突处理、心智模式、组织学习；企业文化升级，包括自我反省、反向求己、感恩包容、积极责任、开放进取等。在2011年开始进行战略绩效工作坊系统的导入，特别是每年"1+4"（1次年度+4次季度）的定期工作坊，包括组织结构的变革、绩效考核及激励机制的调整、业务单元负责人的选择与培养、各个业务单元战略的选择和组合、业务单元关键岗位梯队人才的选择和培养、战略绩效跟进机制的建立和巩固等。到2015年战略绩效惊人：销售额增加2倍，利润增加3倍，投资回报率提高2倍等。回顾过去的5年，我们发现对收入增长最有贡献的战略莫过于：战略绩效系统的导入所带来的客户改变和结构调整、人才培养和组织变革、绩效考核和机制创新等。

可以看到，战略性收入增长不仅仅通过降低价格来增加销量，通过开发新的项目来拓展收入来源，通过与势力强大的对手合作以实现规模经济，或者是收购初创企业以获取新技术；还能通过组织变革、系统建设来夯实企业的基础，实现由内而外的成长。这些增长方式可以总结为三种主要方式：①增加新客户、新市场或新产品；②优化业务组合或客户结构；③调整业务模式。

增加新客户、新市场或新产品

上面我们提到的H集团，在增加新客户、新市场或新产品的方式不同于简单的数量增加，而是伴随着组织的成长，各个业务单元自然发展出来的。比如由于重视企业文化建设、机制创新和系统完善，企业逐步形成了

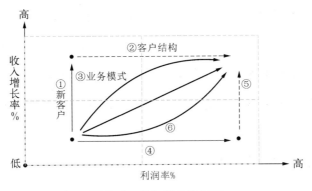

图 8-2　收入增长路径图

"以员工成长为中心的内部创业、公司成为学习与成长平台、领导者成为赋能教练"的氛围，不同业务单元激发员工自下而上的一线创新，分别实施了"全员营销战略""大客户战略""项目专案团队""技术创新奖""项目跟投"等，公司的业务开始不断进入新的领域，区域拓展到东南亚、美国、欧洲等；客户从传统的 OA 逐步渗透到家电、汽车、医疗、手机、飞机等智能行业；人才从本土化逐步开始国际化，如日本、泰国、西班牙、德国、美国等。这些都不是事先设计或者规划好的，而是随着公司的发展和定期工作坊的展开自然产生的。

可见，战略性的收入增长并非来自强行实施，而是组织发展和学习成长所孕育的成果。关于这一点我们不得不再次提到步步高公司。

步步高公司创立至今已有 20 多年历史了。1989 年，28 岁的段永平去中山市怡华集团下属的一间亏损 200 万元的小厂当厂长，这家公司所推出的小霸王学习机、游戏机在中国风靡一时，而在段永平担任厂长 5 年后的 1994 年，小霸王也成了年产值 10 亿的公司。1995 年，34 岁的段永平创立自己的公司——步步高，在不被看好的情况下开始了新的征程，也掀起了中国一个黑马军团的开始，先后成为复读机、电话机、VCD、学习机的中国市场第一。手机领域，在功能机时代，当时国产手机一片低迷的时候，大家都觉得没法做的时候，它却做了，又在国产手机前三里占据了2个位置；而到了智能机时代，它再次以两个品牌成为中国市场的佼佼者。

战略性收入增长，特别是新产品、新市场、新客户的增加不是表面看到的战略；有时候，战略只是结果，看不见的则是公司的系统和文化。步步高在一个变化超速、竞争激烈的时代能够不断调整主营业务，长期保持稳定的收入和利润双增长，就是系统的力量。与此不同，通过合并与大型收购的确可以借助协同效应实现一次性成本缩减，但这种成本缩减通常源于合并后企业内冗余部门的撤除，而极少源于可持续收入增长率的提高。

战略性的收入增长是随着企业业务和运营水平的不断发展而在组织内部逐渐产生的，从而能够发现未被满足的需求，开发出新的产品与服务，并凭借强大的系统能力将其变为绩效增长。相比依靠一系列大宗收购来刺激增长，增加主营业务收入的增长能持续为企业带来更好的回报，风险更低。

当然，我们并不需要全盘否定收购的意义，在某些情况下，企业的规模（或者说与竞争对手相比你的企业的整体规模）至关重要，这是企业与行业巨头展开竞争不可或缺的因素。同样，有时在一个行业内也可能掀起企业的合并潮，在这股合并潮中，企业要么变得更为强大，要么就处于竞争中的不利地位。

优化业务组合或调整客户结构

那些具有长期发展前景的公司懂得持续保持企业的总收入和净利润增

长步调的一致性,以此获得持续竞争优势来创造股东价值。战略性收入增长中第二个有效的路径是优化业务组合和调整客户结构。

在我辅导的集团企业中,在业务组合和客户结构调整方面做得比较好的要数 S 集团。S 集团的业务组合是上下游的组合,比如 S 集团的一类业务单元重点是做聚氨酯的化工材料,而另外一类业务单元是做汽车内饰的材料,这样不仅可以很好互补,而且进行产业链合作与学习。S 集团在每个业务单元的客户结构方面也定期进行优化和评估,比如汽车材料公司 2007 年的客户主要都是欧美的国际品牌主机厂,而到 2015 年,客户结构已经调整为中国品牌主机厂为主、国际品牌为辅的模式。随着国内市场需求的增加,这个业务单元的收入在过去的 8 年保持 35% 的持续增长,同时利润率保持在两位数的水平。透过定期的战略绩效和主题工作坊,每个业务单元的客户结构持续优化,S 集团实现了从 2007 年 9 亿到 2015 年 29 亿的收入增长,利润率保持在行业的中高水平。

可以说,一个符合企业战略、创造价值且具有灵活性的业务组合,是每一个成功企业的核心。要想通过高效运营获取利润的企业,必须拥有强势的竞争地位,而真正强势的竞争地位来自良好的业务组合。在业务组合中,我们需要严谨分析,哪些业务是我们擅长的,哪些业务至关重要。拟出清单后,再层层过滤,最好能找到行业吸引力高、有发展潜力,同时企业赢取市场的能力高、有较强竞争力的业务(图 8-3)。

在企业战略绩效辅导中,我发现对于中小型企业来说,由于行业的选择性有限,同时业务单元较少,通常业务组合中不一定能有多少空间;但在客户结构的调整上,却有很多机会。

T 公司是一家做汽车内饰的公司,2009 年到 2013 年公司绩效一直没

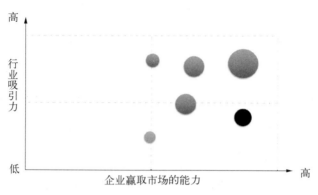

图8-3 优质业务组合图

有起色,公司从外面聘请了几任总经理,都没有实质性的改变,而且情况越来越差,员工离职率增加、利润下降。在危机中,公司尝试从集团内部抽调一名事业部的总经理出任T公司的总经理。这位总经理几乎没有管理过工厂,但是他从上班第一天就开始参与战略绩效工作坊,因此对战略绩效的思想、方法和工具都非常熟悉,其中最擅长的就是人才发展和客户结构的调整。在人才发展方面,他把资深的设备部经理提升为生产部经理,把擅长沟通的技术部经理调整为销售部经理,从而彻底地解决了过去生产部经理与设备部经理的冲突,以及销售部经理与技术部经理的相互抱怨,实现了人尽其才的局面。对外,他开始调整客户结构,把资源向目标客户倾斜,对于长期不能准时付款的客户说"不"。同时,通过持续的定期战略绩效和团队工作坊,提高员工的士气和团队服务客户的能力,在2016年就实现了收入的倍增。

在战略性收入增长中,我们不能为了增长而增长,实施盲目扩张如进军新市场、开发新产品、增设分公司、争夺新客户、进入新领域、调整新模式等,这样会失去原有的核心业务。这类扩张超出了企业的承受范围，带来的麻烦远高于收益，最后，这些企业从终点又回到起点，重新经营过去最擅长的业务，更糟糕的是，损伤的元气需要耗费多年才能恢复。

近些年来，随着经济环境的不断改变，很多企业都展开了所谓的转型和升级的活动，但由于缺乏科学的指导方案，大多数以失败收场。比如服装行业的 J 公司从外贸 B2B 到转向内贸的自有品牌的 B2C 的失败；IT 行业的 G 公司从原来的 IT 硬件贸易转换到自主品牌软件开发的失败等。这种失败并非只有小公司，其中也不乏大型跨国公司的身影。比如 2009 年，为了征服消费电子市场，思科曾大肆并购扩张，仅一年就推出新产品 400 种，上马核心项目超过 30 个。然而，两年后思科就紧急关闭了所有消费类业务，选择退回原来的 B2B 领域。

因此，在战略性收入增长中，除了创造新的产品、增加新的客户或新的市场之外，通过业务结构的优化和客户结构的调整，可以发现和找到足够的机会和空间，而且随着结构的调整，公司的人才也得到提升和发展，可以说是人才和客户双发展。

调整业务模式

在战略性收入增长的过程中，任何企业在业务层面都会遇到专业化和多元化的选择，从而导致业务模式的不同。

硅谷教父、高科技营销魔法之父杰弗里·摩尔在 2015 年出版的《公司进化论》中把业务模式分为两个相互独立又相互影响的领域：分别是复杂系统模式和规模运营模式。复杂系统模式的专长是以咨询服务为主，处理复杂问题，提出个性化解决方案。它强调了以大型公共或私有企业为主要客户的经营方式。这类公司包括 IBM、思科、SAP、高盛、波音、世界银行等。相反，规模运营模式专门用于批量市场的标准化产品和事务。尽管它也有许多企业客户的应用，但其根源是面向消费者的业务，这类公司包括宝洁、耐克、苹果、索尼、希尔顿、谷歌和亚马逊等。

企业要么在客户（产品、市场和最终用途）实现高度集中，而在知识领域上实现多元化，比如以客户为中心提供个性化的解决方案，这需要用到各种不同的知识，但这些多元化的知识都服务于少数特定的客户。或者在客户（产品、市场或最终用途）上实现多元化，并在其基本知识领域上实现高度的集中化，比如把相同的产品或服务卖给不同的多样的客户。从战略性收入增长的角度，可持续增长优势是建立在这两类业务模式其中之一的基础上，而不是把两种模式进行折中。

针对这两种不同的业务模式，在进行战略绩效辅导时，通过对企业不同的主营业务进行价值计算时，可以通过它们的业务构成进行区别。营业额的价值计算公式是非常有用的公式，区别于财务报表的结果统计公式，价值计算公式是指依据营业额的来源进行计算的。

营业额 = Σ（客户数量×订单金额/单个客户×交易次数）

在复杂系统模式中，客户相对集中，或者说是企业类的客户，客户数量较少，从几十个到数百个，而且每年每位客户的交易次数较少，一般一年一次或可能几年都没有一次交易，但是一旦采购，每张订单的价格却维持在百万或上千万的水平。这种模式中，5亿的营业额通常来自100个客户，每年下一次订单，每张订单500万。比如，前面提到的H集团下属子公司之一，每年3亿人民币的营业额主要来自18个客户。

而在规模运营模式中，客户数量较多，通常都是个人类客户；即使有部分企业类客户，数量也不多；或者是渠道类客户而非最终的产品使用者。每张订单的金额相对较小，每次交易的价格平均为几百元不等，但交易次数很多，交易较频繁。这样客户的数量可能是几千家或者上万家，而且每位客户每年的交易次数高达数十次。在这种模式中，5亿的营业额通常来自100万名客户每月花费50元，一年消费10次；比如，我们前面提到的步步高下属的vivo的营业额就是由几千万个客户构成，每个订单的单价为4 000元左右。

针对不同的业务模式，战略性收入增长的方式也各不相同。

D集团下属分公司是一家拥有大批销售团队的医药公司，营业额约为8 000万元（人民币），受2008年全球金融危机的影响，2010年公司想裁减销售人员以度过危机，但如果这样做又会影响公司的销售额。然而，即使如此，公司现有的销售额根本不足以养得起这近200名训练有素的销售人员。经过对营业额、客户数量、订单金额、交易次数等深度分析，发现如果公司要在营运上获利，每位销售人员每年的平均销售额必须达到200万元，但目前每位销售人员每年的销售额只有40万元。在公司的年度战略绩效工作坊中，经过团队共创，决定把公司的业务模式进行调整，从过去把一家公司的产品卖给无数的小客户转为把更多的产品卖给相同的客户。

于是，公司在全国范围内开始搜索，寻找那些生产类似产品而且需要全国分销渠道的小公司。公司开始为这些小公司提供分销渠道服务，让这些小公司也能以较低的价格享用优质的渠道服务。结果4年后，这家公司以原有的销售团队，创造了超过5亿元的销售额。其中，只有1/3的产品是原来的，其他都是别家非竞争公司的产品，虽然每家公司的销售份额都不是很大，但每家公司都从中收益。

公司需要清晰地界定自己的业务模式，比如在规模运营模式中，由于客户数量较多，而且很分散，因此单个顾客并不是系统中的稀缺资源。相反，稀缺资源是能够低成本、大批量生产产品或提供服务的生产方式、营销方式或运营方式。即以订单生成能力作为增长的重心。

在辅导中，我发现C集团不同的下属子公司，业务模式并不完全相同，比如子公司A，业务模式就是规模运营模式，它们不直接面对消费者，而是通过渠道来进行销售。作为供应链的一部分，它的增长目标就是创造大批量、多品种的产品，这些产品都尽可能地优化，以满足市场的三项价值原则：价格、实用性和可选性。为保持有竞争力的成本，规模运营模式凭借资源、制造、物流和客户服务等方面的共享基础设施，特别是配送渠道的共享，充分利用规模经济。最后，以品牌推广和促销宣传等沟通方式吸引这些消费者购买或服务。

复杂系统模式的增长方式是对新市场引入新的商品或技术。这涉及一系列流程，首先是挑选客户；其次表明具有说服力的购买理由；然后，必须构想并设计出能够满足这些购买理由的复杂系统，接着还必须征募完成这一系统所需的伙伴和战略联盟；最后，作为主要的开发承包商，它还必须真正地将整套解决方案和服务销售出去。

上面提到的C集团下属子公司B，业务模式是复杂系统模式，客户数量虽然较少，但每个客户都大客户；订单数量不多，但每个订单的生命周期都很长（5—7年），而且每个订单的需求都各不相同。因此，B公司的增长方式就是不断深挖客户需求，考虑所有对购买决策起决定性作用的客户的利益集团，花几个月甚至一年的时间，找寻客户的问题点，并为客户提供独特的差异化的解决方案。近年来 B 公司的业务增长主要来自少数的大客户的快速增长和潜力客户的爆发式的增长。

在复杂系统模式中,几乎每个客户自身都构成一个独立市场。比如,空中客车和波音公司的商务航线业务在全球范围内只有大约 200 个主要客户。数量之小,甚至从统计数据上平均地去看几乎没有任何意义,但如果你深入挖掘每个客户的特殊情况,寻找其独特的模式,而不是数字上的相关性,这个时候你会发现,每个客户都会给你奇迹。

有一家制造企业 F,从事的是塑胶业务,由于主要客户 OA(办公设备)市场的变化,如客户外移东南亚,还有无纸化办公导致 OA 需求的剧减,营业额逐年下降。一度每个月的订单不到 200 万,情况非常紧急。在季度战略绩效工作坊中通过深度对话,对业务认知重新定义,从过去做 OA 调整为做塑胶,目标客户也转向智能终端(主要是中高端手机)的厂家。

由于客户选择正确,加上自己的快速响应,F 公司的订单从过去的 200 万/月上升到一年后的 5 000 万/月,而且这个数字还在上升中。因此,在复杂系统模式中,客户数量不在多而在于精,特别值得注意的是最好能选择有高成长性的客户,这样哪怕是很少的客户也能实现有价值的战略性增长。

特别需要提醒的是,在复杂系统模式中,主要瓶颈源自少数稀缺要素的供应,而不是为大批量的部件获得最低的价格,这是因为导致整个系统成本增加的主要原因不是库存价格,而是进度的延误。在系统测试中,在最后一块部件装配结束之前都不可能完成。因此由于少数的配件不到位而引发的订单延期会带来整个系统的风险。

比如，有一家能源企业的业务分为两个部分：代工（OEM）和直接用户。OEM业务的特点是品种少、订单大，而直接用户业务的特点是品种多、订单小。由于生产人员没有清楚地理解这两种业务的特点和区别，两种订单的情况完全不同，导致流程混乱，结果对直接用户的订单就因为极少的配件无法及时到达而无法准时交货。归根结底是因为业务模式不清晰造成的。

如果一家公司内部同时存在两种模式，要高度警惕两种模式差异所引起的混乱，特别是在市场方面，在复杂系统模式中，没有哪个价值链中单一成员可以端到端提供所有的产品或服务。因此，市场营销的一个关键问题就是与合作伙伴和战略联盟的协调。比如，要引进用友或金蝶的ERP，需要埃森哲以及甲骨文这类公司的直接投资，还需要华为、Apple以及联想等公司的间接投资。换言之，你必须善于横向协作。在这种情景下，公司品牌和声誉将起决定作用。有品牌的公司得以占据领先地位，并成为其他公司的理想合作伙伴。

复杂系统模式和规模运营模式的增长路径不同，在两种模式之间共享增长方式是有风险的。

比如有一家公司生产的原材料既可以直接卖给组合料厂家做原料；也可以做成组合料卖给家电生产厂家；还可以直接为船公司提供整体解决方案，包括原材料和施工服务。由于战略不清，模式选择不清，不知道谁是竞争者，谁是客户，什么都想要，集团、管理层和销售人员无法达成共识，在长达3—5年的时间里，团队无法组建，客户无法成交，财务持续亏损。

这些年，我见过很多公司战略增长瓶颈在于无法清晰地在两种业务模式中进行正确的选择,甚至完全混淆两种模式的增长方式。

有家合资的汽车内饰公司,当公司制定了未来5年的增长战略时,销售部发现快速增长主要来源于中国自主品牌的汽车市场(C-OEM),于是开始加大团队投入,深度挖掘C-OEM的需求,增长速度得以改变。但同时带来的问题是,公司的客户结构因此发生改变,原有国际品牌汽车的份额在不断下降。当初,奔驰、宝马等公司的订单金额占整个公司营业额的45%,公司的产品占奔驰、宝马内部份额的60%;但由于公司在增长时忽略了战略性客户结构,导致奔驰、宝马的订单份额仅占公司营业额的20%,而公司产品在奔驰、宝马中的份额也降到25%,同时奔驰和宝马的客户投诉不断上升。直到公司开董事会,敏锐的董事长发现了这一点,提醒大家虽然营业额和利润都在上升,但公司的战略却悄然发生了变化,如果再不调整公司增长的方式,公司将逐步成为主要为C-OEM服务的低技术含量的公司。随后,通过战略会议启动了新增C-OEM市场和非C-OEM市场的双线提升方案,把战略性收入增长而非单纯的销售额作为公司的发展目标。

战略性收入增长不仅需要考虑增长的结果,更需要考虑增长的方式,特别是需要从单纯的财务绩效转换到战略性绩效。事实上,在我们辅导的企业中,以上情况比比皆是,长此以往,企业逐步失去战略方向。

在战略性收入增长的实际操作中,首先需要明确的是公司的业务模式,其次才是战略增长目标的设定。业务模式决定了是调整客户结构还是产品结构,如果是复杂系统则是客户结构为主,而规模运营模式则以产品结构为主。最后根据业务模式、客户结构或产品结构来选择是增加战略性的新客户还是战略性的新产品。

有一家年轻的跨境出口的电子商务零售公司，公司的主营业务是通过电子商务（网站）出口低端女装，客户群是拉丁裔低收入女性客户。在公司规划未来的战略增长时，通过团队共创工作坊，总经理逐步认识到公司的业务模式是以产品创新为导向的规模运营模式，因此把营销额的计算公式从原来的"营业额=流量×转化率×单价"，转换为"营业额 = $\sum$ 站点营业额 = $\sum$ （爆款产品营业额+非爆款产品营业额）"。这样公司的人才发展也从过去只是重视能提升流量的广告促销人员转变为关注能找到爆款产品的产品经理或能同时经营好产品、渠道和运营的站长。这样公司的战略性收入增长目标和行动也就非常清晰了。

总之，公司经营战略的首要任务是清楚地界定战略性增长的含义，为战略性收入增长找到清晰的路径：新客户、新市场或新产品的增加；客户结构调整或业务组合优化；业务模式的选择和聚焦。同时要平衡好不同路径之间的联动。

8.2 利润提升

赚钱的业务一般由三个基本要素组成：现金净流入、资产收益率、业务增长。每个业务单元的负责人都需要深谙其中的每一个部分和它们之间的相互关系。利润的提升不仅需要关注业务增长，还要加大内部学习成长与优化内部运营以提升组织的生产力。

生产力不仅为企业带来更多的利润，还会提高企业资本收益率（即企业的投资收益要大于其从低风险投资中可获得的回报）。好的生产力战略必须是以适当的成本向客户提供价值并使企业赚钱。洛克菲勒早在19世纪就发现并应用了把生产经营活动集中在一个公司内以降低"交易成本",尤其是交通成本。洛克菲勒看到,把勘探、生产、运输、精炼、销售纳入一个公司体系中,运用权威关系指导企业资源的运用,可以最大限度地提高石油生产效率并降低成本。基于降低交易成本的赢利模式,他建立了标准石油托拉斯,这可能是商业史上赢利最多的大企业。

企业如何从为客户创造的价值中获利?企业的赢利模式是怎样的?哪些业务活动或功能是公司内部可以完成的?哪些需要分包、外购或者与合作伙伴一起提供?如果不能正确回答这些问题,企业就会陷入困境。从生产力战略角度来看,企业的利润是创造出来的。

事实上,衡量一个伟大企业的标准,不是看它在经济好的时候能够赚多少钱,而是看它在经济大萧条的时候,碰到危机冲击的时候,能否生存发展。生产力是公司经营战略的核心基石,没有生产力的提升就没有真正的核心竞争力,每年的利润损益表和资产收益率时刻都在提醒它的重要性。

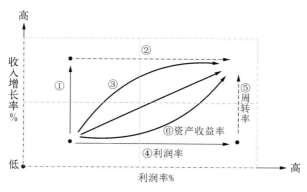

图 8-4　利润提升路径图

从图 8-4 中可以看到，上半部分显示了业务战略选择来增加收入；下半部分则反映了利润提升的三条路径：④提升利润率；⑤提升周转率；⑥提升资产收益率。

提升利润率

影响利润有四个关键要素：销售量、单价、单位变动成本、固定成本。从理论和原则上讲，价格的经济模型很简单，但是实际上，由于价格对利润的多重影响，这种关系显得异常微妙。就固定的销量而言，定价越高，平均单位利润率也就越高，因而总利润也就越高。然而，高价格往往意味着销量的下降，这样又抵消了高价带来的利润。此外，价格还可能影响成本，因低价策略而创造的高销量可能会降低单位成本；或者低价策略可能吸引一批高忠诚度的新客户，进而又将提高公司未来的利润。

如何在增加收入的同时提高利润，不仅需要考虑价格的变化，还要找到变动成本和收入之间的关系，并进行结构性的调整，从而提高公司或业务团队的利润率。这一过程中，利润分析是不可或缺的一环。

表 8-1 显示，随着公司的"料、工、费"占比的下降，公司的毛利率和净利润率都得到大幅度的提升，尽管管理费用占比增加，公司的盈利能力已经在大幅增强。要提高利润率，需要对表 8-1 中的核心要素之间的关系进行系统的分析和设计。提高利润率最有效的方法之一是把资源投向收入提升。毕竟，成本不是独立存在的。它总是为销售收入而发生，至少出发点是这样的。因此，重要的不是成本的绝对水平，而是成本与收入之比。无论付出的努力是多么省钱或有效率，如果没有收入的增加，它不是成本而是浪费。

表 8-1　A 公司 2016 年季度利润分析表　　　　（单位：万元）

盈利构成要素	2016 年 Q2 金额	2016 年 Q2 占比	2016 年 Q3 金额	2016 年 Q3 占比
销售额	2 817	100%	2 964	100%
总成本	2 611	92.7%	2 372	80.03%
原材料	1 382	49.1%	1 329	44.84%
工　资	393	14.0%	396	13.36%
外发加工	346	12.3%	240	8.10%
水　电	96	3.4%	88	2.97%
……	—	—	—	—
毛利润	190	6.8%	580	19.57%
总费用	258	9.2%	282.5	9.53%
管理费用	247	8.8%	281	9.48%
……	—	—	—	—
净利润	-125	-4.4%	228	7.69

比如，通过产品结构的设计，来提高产品的毛利率。运用产品金字塔，位于塔基的是价格低、销量大的产品；位于塔顶的是价格高、销量少的产品。绝大多数利润集中在金字塔顶部，但是塔基发挥着至关重要的战略作用，它形成了一道基础的"防火墙"。防火墙产品对竞争者形成了阻碍，保护了塔顶的丰厚利润。或者通过技术创新来降低原材料在销售额中的占比，如通过采用高质量的原材料或是雇佣高技术水平的劳动力，从而为提高价格、进而提高利润率创造了条件。

单纯以规模为导向的时代已经一去不复返了。追求规模一度成为我们的主流思想，这种思想的确带来过高利润。有一个总经理曾经这样阐述过这一经典理念："只要有了规模，一切问题都会迎刃而解，即使管理水平低下，收入的增加也会掩盖我们所犯的错误。"

但随着中国经济的增速放缓，出现了一批快速增长而最终无利可图的公司。相反，低速增长的行业里却涌现一批堪称世界上最成功的企业。比如，Swatch（斯沃琪）公司在低速率增长的制表行业中始终保持着高利润。

在提升利润率的过程中，企业需要避免两种常见的错误观念：野蛮扩张或者过于成本导向。特别是在销售额不动的情况下，通过降低成本提高利润率，短期来看非常有效，但由于没有关注企业的长期增长，特别是在与增长有关的研发、人才、市场、培训等重要领域由于没有足够的预算和投入，导致企业后劲乏力。

与利润率直接相关的有两个指标：毛利率和费用率。提升毛利率和降低费用率，是提升利润率的两种方式。

首先来看毛利率，毛利（销售收入减去直接成本）是一项未被充分重视但十分重要的生产力指标。企业获得战略收入增长的表现之一是在保持毛利上升的同时，促使收入提高超过市场平均水平。

毛利率在某种程度上也代表公司竞争力和创造附加价值的能力。毛利率增长的背后是业务团队的创新能力领先于主要竞争对手。如新产品的研发、现有产品的拓展以及产品包装的改良；通过有效利用数据仓库、信息技术等提高与经销商之间的沟通速度与响应能力等。

大部分优秀企业的生产力提升都有共同的特点，那就是把提高收入看得比减少成本更优先，它们在利润率上取得优势，主要依赖于毛利率优势。比如，为了解客户、制定解决方案、发展与客户良好的关系而投资。由于建立与客户的良好关系需要大量投入，这样会增加营销费用，虽然在初期可能出现亏损，但一旦成功便会产生可观的利润。

再来看降低费用率。降低费用率需要分析费用的结构和占比,特别是费用(间接成本)与收入之间的关系。降低费用必须着眼于整个企业,否则会顾此失彼,比如销售费用的降低可能会影响销售人员的前端营销的价值,结果与客户之间只是简单的交易关系,而没有投入足够的时间来参与客户的业务,并帮助客户解决在业务发展中所遇到的问题。其次,降低费用率的关键是找到那些没有带来价值的活动、项目或部门,并完全砍掉。

成本费用分析的目的是找出成本费用与收入增长之间的相互关系。事实上,成本不只存在于企业内部,从客户价值的角度来看,客户为了得到所购买商品的全部用途而需要付出的一切——包括原材料、运输、物流、分销、维护等都属于成本费用。因此,成本费用控制必须关注具有战略意义的成本和成本驱动要素,找出成本中心,确定成本点。

在成本费用结构调整中,首先要从业务下手,找出不赚钱的业务,关掉不具有竞争力的工厂。其次,要从人才、客户、产品等角度来分析,与上面一节所提到的战略性增长路径相对应,我们需要在战略性增长的同时,生产力也同步提高。比如,有一家传统面料公司因为客户结构的调整,毛利率从11%提高到35%,主要是因为相同的产品应用到不同的地方,从原来应用在衣服上到后来用在汽车上,价值发生了改变,单价有了极大的提升。但不能因为毛利率提升就止步不前,而是继续将资金投入到前端营销和技术的研发上,特别是客户端的应用创新、工艺创新和设备创新,这样虽然费用提高了,但费用率却因此下降。因此,降低费用率的本质是减少没有价值的费用,增加有价值的费用投入,同时提高投入费用的利用率和成功率。同样,如果因为人员不胜任而影响产出效率,那我们就必须投资培养这些人员或者雇佣更优秀的人才,因为在所有的费用当中,人员的费用率最具提升空间，人员的效率和效果越高，费用率就会越低。当然所有这些调整都需要基于长期和短期的平衡，而不是"搞运动，赶时髦"，我们需要的是持续的、定期的、战略性的分析与改善。

在进行成本费用调整时需要"抓大放小"，抓住主要成本和成本的主要方面。比如让 5 万元的成本减少 10% 与让 500 万的成本减少 10%，企业付出的努力大概是相同的。同时按照 90/10 原则，企业 90% 的成本是由 10% 左右的活动引起的，因此降低成本不是让所有活动的成本都减少，而是减少最严重的环节。

为了找出成本动因，发现企业的典型成本中心和成本改善点，需要把整个企业看成一个成本流。生产和营销是企业的两个价值中心，也是成本发生的场所。

成本不完全只是在企业内部，更多的是在企业与供应商、客户互动的过程中，只有合作共创才能信息共享、共同创新。同样，在企业内部大量成本费用的浪费也在企业不同部门或不同业务单元的交叉部分，由于这些部分责任不明确，所谓的"灰色地带"，很容易出现谁也不管，最终大家分摊很多。因此，提高费用率的关键之一就是与外部合作，找出交叉部分，无论是原材料、物流、运输、销售费用、研发费用等，联合大家共同努力，系统性地降低费用。

在年度和季度战略绩效工作坊中，我们都会对公司、业务单元进行类似的成本费用分析表（表 8-2），找到成本的改善点，比如什么成本需要增加，什么成本需要减少，为什么？与普通财务报表不同，我们不只是关注成本的绝对值，而是关注成本的结构和成本的相对值，就是说我们需要关注成本的变化对销售额所产生的影响。比如原材料上涨对利润的影响是什么？或者说外发对利润的影响是什么？什么该自己做，什么应该外发？等等。通过年度的成本对比可以清楚地看到成本的变化趋势，同时通过预算和实际的对比可以看到需要管理的空间。

表 8-2 B 业务单元成本费用分析表

序号	项目（单位：万元）	2015 年实际 金额	2015 年实际 占比	2016 年预算 金额	2016 年预算 占比
1	销售额	11 699.2	100%	11 279.35	100%
2	总成本	8 895.33	76.03%	8 519.58	75.53%
3	直接材料	6 367.77	54.43%	5 824.86	51.64%
4	直接人工	981.45	8.39%	948.31	8.41%
5	总人工	1 212.01	10.36%	1 147.71	10.18%
6	外发	85.2	0.73%	265.05	2.35%
7	毛利润	2 797.22	23.91%	2 753.12	24.41%
8	总费用	1 491.1	12.75%	1 545.12	13.70%
9	管理费用	1 297.18	11.09%	1 297.16	11.50%
10	财务费用	-39.84	-0.34%	-71.76	-0.64%
11	…	…	…	…	…
12	净利润	1 188.9	10.16%	1 157.24	10.26%

在战略绩效工作坊中我们可以看到，在成本改善中有些部分是管理层可以看到的，比如原材料成本改善。但有些结果是管理层不一定能关注到的，比如包装材料费用的降低。如 H 公司的管理者根本没有注意到还存在如此一个重要的成本要素，因为在 H 公司所有原材料是由采购代理采购的，但是包装材料的采购是由从事市场营销的包装设计者负责的。他们过去都没有关注到包装成本，也没有注意到如何包装以便于运输、装卸和储存。因此，在对包装进行系统的改善后，比如从过去的固态包装改为液袋

包装，公司的物流运输成本得到极大的改善。

在降低费用率方面，停止做某些不明智的事情总是比开始新动作要快。对于那些想快速改变公司生产力现状的企业来说，这是一个好消息。首先应该放弃什么？比如放弃不能带来利润的业务；停止生产零利润甚至低利润的产品；停止开发新市场等。

提高资产周转率

提升盈利能力的路径之二是提高周转率。很多人把注意力集中在利润率上而忽视了周转率。事实上，成功的业务单元或公司负责人能够同时考虑利润率和周转率，这是经营战略的核心。

周转率对每家公司都非常重要，而在战略绩效辅导中，我发现很多企业家或领导者通常比较关注的是销售额和利润率，却很少有人对业务团队的回款和库存周转率有很深的分析。虽然说回款也会作为 KPI 考核，但只是算一个超期应收款，而没有从现金流、资金周转率的角度来进行资金利用率的管理，特别是在企业以销售额或利润为导向的绩效考核体系里面，营销人员面对客户提出的"我这么大的量，而且价格也不错，付款周期长一点也是应该的"这类条件，销售人员一般都会同意，因为这样并不会影响他们的绩效。但是在规模销售或者高毛利的销售模式下面所隐含的资金周期长和库存周转慢，令很多公司陷入了资金的瓶颈。

类似的错误认知导致很多企业陷入困境，甚至导致长达多年的高负债模式。

如前面提到的一家医药流通企业，在刚开始的战略绩效工作坊中听到业务单元抱怨最多的就是资金不够用，似乎销售额无法增长的主要原因就是集团公司提供的资金太少。但经过多次对话，业务负责人开始意识到，他们过去几乎只关注销售额和高毛利,对回款、账期、库存周转率等视而不见,结果导致仓库库存积压,很多药品有效期过期,超期应收账款高居不下,资金链几乎断裂。

从2013年开始,公司开始重新梳理资金投入、销售额和利润之间的内在关联,逐步清晰地预算出资金投入目标、销售额目标、利润目标、资金周转率目标、利润率目标和资金回报率目标等结果指标和过程指标之间的相关性,从而通过每个季度和年度的总结和调整,终于在2014年整个集团下属的4家业务单元都逐步从过去单纯追求规模的销售模式,提升到全面关注销售额、毛利率、资金周转率、净利润率和资金收益率这些战略性生产力指标,并且对这些指标进行持续的改善。

到2016年,每个业务单元不仅实现了战略性的增长,销售额倍增、利润翻番,而且对资金的依赖全面下降。公司一扫当初仅靠资金投入来提升销售额的高风险的传统模式,进入战略性收入增长与生产力提升双向驱动的持续健康发展模式。

提高资产收益率

在提升业务单元或企业的经营能力时,我们需要重点关注资产收益率,以及它的基本组成要素:利润率和周转率。企业需要阶段性的反思:与行业中最好的公司相比,公司的资产收益率如何?在过去几年中,资产收益率的变化趋势是什么?哪些优秀的公司拥有最高的资产收益率,你能从中学到什么?

不管公司的规模和行业如何,企业都在使用自己或他人的钱实现成长。通常,资产收益率一定要高于资本成本率,如果资产收益率低于资本成本率就会引起投资方的强烈不满。而如果有些业务单元或分公司挣得钱还不足以支付资本成本,就需要想办法提高收益率。

总之,经营战略中的几个基本要素,业务增长、现金净流入、利润、周转率和资产收益率,都是可以衡量的。每个业务单元或公司的负责人都需要准确理解这些词语背后的真实含义,并且能够本能地感知这些要素之间的关系,然后加以应用。图8-5显示了关键财务指标与经营活动及业务团队之间的关联。公司投入一定的资金实现业务的增长,包括:通过营销活动增加新的客户,通过研发增加新的产品,通过前端营销调整客户结构,精准业务模式等增加有价值的销售收入,通过内部运营和生产力的提升来提高利润率和周转率,最终提高资产收益率。

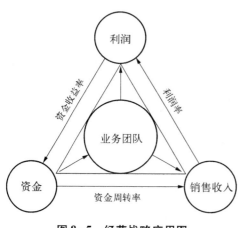

图8-5 经营战略应用图

9 战略地图

战略地图是以平衡计分卡的四个层面为核心,通过分析这四个层面目标的相互关系而绘制的企业战略因果关系图。战略地图让组织中所有人能一目了然地理解公司的战略方向和战略路径,明确个人目标和组织目标的关系,为公司、管理者和员工就战略达成共识提供了视觉化的架构,主要包括:战略目标、战略措施和战略负责人。

战略地图的核心原理是成长战略,通过业务团队的成长来实现收入和利润的双增长,其中业务团队包括销售团队、生产团队、研发团队、事业部或战略业务单元(SBU)等。

9.1 战略目标

战略目标要有具体的数量特征和时间界限,一般为3—5年或更长,伟大的公司不只是有更好的绩效表现,而且具有比竞争对手更快的调整、执行和自我更新的能力。

我们制定战略目标通常采用自下而上的方式,各个业务单元在每年的10月份(当然不同的财政年度,时间有所不同)左右,开始总结当年的目标和预算实现情况并制定未来三年的战略规划和一年的具体绩效目标，通过工作坊与业务单元内部、相关业务单元以及集团公司进行充分对话和研讨，就战略目标、战略措施和战略预算等达成共识。在每年的年度战略绩效工作坊中进行检讨，再进行下一个"3+1"，这样持续滚动，迭代更新，确保既能关注长期战略，又能落实到短期目标上。这种制定战略目标的方式是全员参与、群策群力、信息共享、一线驱动。

愿景和目标

事实上，在每个季度的战略绩效工作坊中，我们已经邀请各个部门相关人员和梯队成员参加公司或业务单元的战略绩效跟进研讨会，就年度和季度的战略绩效目标达成情况进行回顾，其中包括战略绩效指标、战略目标、战略措施、战略行动计划、实际达成、亮点、难点、下一步改善等，同时确保目标、进度与公司的战略方向的一致性。在工作坊期间还会运用团队组合的方式对公司或业务单元的战略主题和生产力主题进行深入研讨，提出解决方案和行动计划。

在设定战略目标的过程中，我们不仅需要清晰地知道自己想做什么，能做什么，以及真实的现状是什么；每年战略绩效工作坊中，我们还会和企业家及管理团队复盘过去三年的实际运营情况，包括组织、业务战略、经营战略等，以认清现状。要想制定明确的目标，首先需要有清晰的愿景。

2010年4月，对S集团进行战略规划时，我和S集团的CEO有一次深入的对话。

"10年后，你希望你的公司会做成怎样？"

他思考一会后说："100亿（人民币），如果我的公司能做到100亿，我认为我们真正上了一个台阶。"

2010年这家集团公司的营业额才9个亿，足见这位CEO的雄心壮志。

我问："如果做到100亿，你真正的目标是什么？"

他抬起头看着远方，激情地说："进入中国500强，成为一家最富有创新精神的公司，让每位员工都有机会去尝试新鲜事物并能发挥自己的潜能。"

"为什么一定要做到这个目标？"

他思考了很久，然后肯定地说："这个数字也许还需要进一步的验证和规划，但我的目的非常清楚，那就是让环境更加美好！我们是做化工的企业，谈到化工，很多人的印象都是高污染、高排放。我们有责任通过研发和创新，改变原材料的性能，从而极大地改善整个产业链的产品，引领行业发展，从而令人们的生活更环保，更加友好。"

我完全能感受到他内在的使命和责任，我继续问："那为了实现你的目标和梦想，未来3年你真正需要做的事情是什么？"

他几乎没有停留，而是脱口而出："成立研究院，不仅要成立高分子研究院，还要成立材料应用研究院。寻找和发展一流的科研人员，组建研发团队，进行基础研究和应用研究。"

我看到他的眼神里充满了力量，接着问："你现在有什么感觉，你发现了什么？"

他兴奋地说："这个地方太好了，我现在充满灵感，我很清楚未来的方向和目标，对于未来5到10年我该做什么，每一步我都非常的清晰。太棒了，谢谢你的聆听和提问，谢谢。"

透过他那肯定的目光和坚定的语气，我似乎已经看到S公司的未来就像一幅画卷在我面前徐徐展开，正如他说的"灵感来自愿景"，这也许就是所谓的蓝图吧。

而今天，当我在写这本书的时候，这家公司的研究院早已成立，营业额也已超过40亿，而且保持着良好的发展势头。

事实上，愿景和目标的力量远远超过人们的认知。在过去十几年的时间里，我曾和很多企业家和创业团队就愿景和目标进行对话，在刚开始的时候，很多人还是把愿景和目标的设定当成一个程序或形式。但随着一个一个目标的实现，很多企业家开始体验到愿景的威力。

在没有清晰愿景和目标之前，企业家和领导团队往往过于关注过去、关注问题，他们总是停留在过去的成功和失败中无法自拔，原地踏步，无法突破思维瓶颈和行为习惯。而通过定期的基于愿景和目标的对话，他们内心深层的梦想开始被激发出来，他们感受到了再次创业的感觉，找到了再次出发的动力。而且随着越来越多的人参与进来，愿景开始变得多元化；参与的人越多，愿景就越有力量，大家的心不知不觉地靠拢。然而，早期在战略绩效工作坊中做愿景目标时，很多伙伴们写的都是房子、车子和票子。

记得2007年我在一家传统纺织企业（T公司）带领大家做愿景规划时，大家激动不已，因为从来没有人被问起过如下问题：未来你真正想要的是什么？你想成为什么样的人？你想创造什么样的公司？你想要创造什么价值？你能贡献的是什么？你最想做的事情是什么？你对什么感兴趣？你内心的渴望是什么？……一时间，所有的伙伴都被激发了，人们很难相信在一个传统的制造企业，过去都是"简单、相信、听话、照着做"，几乎不存在任何的个人空间和自主想法，都是领导让你做什么，你就做什么；工作就是养家糊口，上班挣工资，下班看电视，天经地义。而现在却有人开始关注你，关注你的未来，关注你的想法。

事实上，真正的战略并不是冰冷的数据和科学图表，而是被忽略已久、未被激励的员工；真正的红利绝不是外部的机会和风口，而是员工之间的团结合作；愿景与目标绝不是财务数据或市场地位，而是员工内心的渴望。

通过定期战略绩效跟进工作坊，T公司早已成长为一家现代化的科技企业，到2012年公司制定第二个五年规划的时候，当年员工在大白纸上画的不是很整齐的厂房规划图已经变成整整齐齐的现代化工厂；当年员工梦寐以求的停车位也已经停满了员工的私家车。看着到处是绿色的工作场所，展望未来，充满激情的员工们开始再次用手上的N字帖书写着自己未来的梦想和渴望，这里不仅仅有产品创新、技术开发、人才引进，还有客户价值、运营改善、环境保护等，一张张充满生命力的N字帖共同诉说着公司美好的未来。

可以说，随着全球化的快速发展和互联网的普及，企业已经越来越难以找到更好的办法来开发持续性的竞争优势，而组织创新逐渐成为开发这一优势的至关重要的途径。一线员工作为企业中最重要的价值创造力量，通过他们的学习与成长，为企业的持续成长输入不竭的动力。

T公司经过长达10年的学习与成长，已经建立起自己系统的战略绩效管理系统。在每周的战略绩效跟进会议上，每个部门都会分别开展自己本周绩效回顾和下一周绩效目标及行动计划。在绩效跟进会议上，每个人都需要在会议室前排，一个接一个地汇报自己的绩效达成情况以及行动中的亮点和难点。部门负责人、项目负责人、人力资源和财务部门的重要人员也将出席会议，随时对伙伴们的各种要求做出反应。比如一个客户经理报告，某个产品在客户处出现了什么状况，与会的技术人员当场便解决了这个问题。来自业务一线的伙伴对客户高度敏感，负责管理的经理则拥有高超的辅导技巧和现场解决问题的能力，将两者结合正是 T 公司成功的秘诀之一。

因此，制定战略目标的关键在于邀请一线员工的参与，激发自下而上的创新，让每个人都成为一个业务单元。只有来自所有人的共同愿景，才能充分发挥每个人的潜能，这与传统的由少数人提出战略，而强制大家去执行的方式完全不同。这种来自大家参与并达成共识的愿景和目标可以为共同行动打下坚实的动力基础。

9.2 战略措施

对成长中的中小型企业来说，虽然资源非常重要，但不同企业间的战略目标并非只是资源差异，最重要的还是组织资源在各项战略活动中的配置方式。制定愿景和目标不仅需要激发所有人的动力，还需要提升组织的核心能力。所谓核心能力是指对形成组织竞争优势发挥关键作用的战略活动或流程，特别是指为客户提供他们认为有价值或在未来将会有价值的产品或服务的能力。比如 3M 公司开发了贴膜的核心能，佳能公司拥有光学、成像和微处理器控制的核心能力，宝洁公司高超的营销能力让它能够比对手更快地利用不断变化的机遇。

强化核心能力

对于完成战略目标，每个企业需要构建的核心能力都各有不同，应清楚地知道在哪些方面能保持竞争优势，以此来进行业务组合、资源配置、采取行动。比如 FedEx 清楚知道优势在于物流、包装和供应链，因此更聚焦于供应链管理，甚至替一些小型公司管理供应链。

战略措施与培育组织核心能力，可以更好地适应不断变化的环境。21 世纪的今天，信息技术能力、人才开发的能力、组织创新与变革能力等都已经成为企业必要的生存条件。

可以说，组织的核心能力已经融入组织任务、服务客户的活动和各项流程的组合之中，即关于组织的综合知识创造了组织的核心能力。在集中资源强化组织的核心能力方面，企业应该回答一个很重要的问题：哪些资源或能力应该留在企业内部并将其发展成核心能力，哪些应该外包？

在战略绩效工作坊中，作为第三方，我清楚地看到不同公司有着自己完全不同的优势和能力。比如有些公司在组织文化建设和价值观宣导方面深入人心，他们在与客户、供应商和合作伙伴的相处过程中，把利他精神发挥得淋漓尽致，他们最大的优势就是与所有的客户都建立起战略合作伙伴关系，并且不断强化自己的大客户服务能力。因此，他们的战略措施就是发展客户、整合资源、供应外包、共创共赢。而另一些公司则具备极强的内部运营能力，核心能力就是精益生产，对于交货期紧、利润薄、质量要求高的订单，其他公司做不了，他们不仅能做而且有盈利，因此，他们的战略措施就是强化生产力。

组织的核心能力与企业的环境和发展阶段密切相关。特别是行业环境和地区环境非常重要，有些业务已经变得非常大众化，即使你在行业中占据领先地位，丝毫不会增加你的竞争力。比如说，我们所接触到的一些低端的服装公司、传统电子行业、落后的运输公司等，在这些行业成不成为领先者其实没有什么区别，整个行业面临着低成本和技术迭代的冲击，若再不转型和升级就意味着淘汰出局。

当然，无论外部环境如何变化，真正重要的还是组织的核心能力的建设，因此，战略措施的制定需要从一个组织自身特有的能力和资源出发，寻找更好地发挥这些能力的措施，或者在其能力基础上设法创造新的可能。

制定战略措施

制定了清晰的愿景和目标，确定了组织的核心能力，接下来的任务就是选择和确定不同阶段和不同维度的业务战略目标和公司经营战略目标。其中，不同阶段是从当下到愿景目标过程中的里程碑目标，而不同维度是指从业务单元角度的人才、客户和产品维度等，以及公司经营角度的收入增长和生产力提升维度等。

战略措施是指达成战略的关键价值活动。通常用动词开始，指出所要追寻的行动和预期方向。比如，"客户忠诚度"只是名词，需要进一步用精准的动词带出目标的方向，确定公司是想要"建立"客户忠诚度、"利用"客户忠诚度还是"最大化"客户忠诚度？

战略措施还包括从当前位置到未来一个新的、更可取的目标之间的移动，而到达那里必然需要克服许多重大的挑战。因此，为了寻找战略措施，我们可以询问自己在执行战略中会出现什么障碍。比如，假设你决定建立强大的客户亲密度的新战略，那么执行这个新战略时有什么障碍？比如，你不是很了解客户，"创建对目标客户的画像"就可以是一个战略措施。如果销售人员只是熟悉产品而不能为客户提供解决方案，那么，"提高销售人员技能"就成为一个战略措施。

战略措施必须基于深思熟虑和理性判断，有时候是非常困难的事情。但只有那样，你才能确保这些战略措施与成功完成战略目标具有直接关联。

业务战略措施

我们前面提到，每个业务单元都有三个重要的生命线：人才线、客户线和产品线。在公司愿景目标的指引下，每个业务单元都需要清晰地确定自己的业务战略目标。

首先，从人才战略目标的角度来看，绝大多数组织都不断在口头上强调员工的重要性，但很多公司缺乏清晰的人才战略。在制定战略措施时，通常财务措施是最容易产生的，因为绝大部分参加工作坊的人都对财务目标非常熟悉；当讨论客户措施时，富有热情的人也比比皆是；而到了制定内部流程战略措施时就出现了很大的挑战，容易出现数量众多的措施，注意力分散，但也能保持热烈的讨论直到达成共识。而讨论到人才战略，人们就有点漠不关心，或者错误地认为那是人力资源的任务。

事实上，如果没有人才的进步和提高，任何改变都不会发生。正如吉姆·柯林斯说，如果没有正确的人"在车上"，没有哪个组织的战略能够成功。与战略相关的关键人员与关键岗位之间的匹配是如此重要，以至于人才战略成为战略措施的必需品。在制定人才方面的战略措施时通常包括：提高关键岗位的人岗匹配、提高培训的有效性、激发团队成员参与、启动继任计划等。

此外，我们需要将人才战略与组织的使命、愿景和价值观相匹配。首先，招募和选择的人要能体现出你想要保持和创造的文化。文化氛围强的公司，比如美国西南航空公司，主要基于文化契合度而非技术能力筛选应征者。

总之，制定人才战略措施时，我们需要考虑如下重要命题：吸引符合战略要求的员工、将培训与战略相结合、一线员工参与、成为最佳雇主、形成关键职位的继任计划、留住表现优秀的人、分享最佳实践、建立高绩效的训练有素的团队、培养让人们尽其所能的环境、对期望和绩效目标进行清晰明确的沟通等。

在人才战略的基础上，我们来看看如何从客户和产品的视角制定有效的客户和产品战略措施。

有一家小型的IT系统集成公司（L公司），有6类客户群：教育、金融、企业、医疗、公安、监所等。客户数量众多而且非常分散，同时产品品类和业务类型繁多。几乎每一样都不是很精通，每一类客户都没有足够的竞争力，为了增长和摊销成本，他们几乎每年都在不断地增加新的产品、新的业务、新的客户，最终导致业务混乱不堪、资源无效使用、人员疲于奔命、人才缺失、一人多岗，无法形成组织的核心能力。从1999年创业至2014年长达15年的时间里，几乎没有清晰的客户战略或产品战略，也没有真正地对客户和产品进行过专业分析，完全财务导向，流行什么就做什么，客户要什么就给什么。结果可想而知，不仅营业额长期无法增长，顾此失彼，而且利润率也非常微薄，一不留神就亏损，经营风险加剧，导致优秀人才流失。

试图迎合所有客户的需求，将无法为客户创造独特价值。在客户战略目标和产品战略目标的选择上，我们需要注意的是"不做什么"与"要做什么"两个方面同等重要。特别是中小企业，由于缺乏核心能力，如果到处挖井，每个井都将干枯。

客户战略措施的确定对业务战略目标的成败至关重要，主要客户群将决定分配资源的方式。也就是说,为了超越客户期望,你需要将有限的资源投到主要客户身上,驱动你的价值主张。

仍以 L 公司为例,2014 年开始导入战略绩效系统,在经过战略绩效深入学习后,管理团队和关键岗位的员工逐步意识到业绩导向所存在的问题,逐步开始进行组织变革,把原来的直线制和职能制混合的组织结构改变为扁平化的事业部制度,确保每个事业部都有自己明确的客户和产品,并在有利于事业部人才发展的前提下设定了每个事业部的客户战略目标和产品战略目标,并通过每个季度的战略绩效工作坊对每个事业部的客户和产品进行分析和检讨,逐步聚焦到有成长潜力的价值观理念一致的客户。同时加上公司战略和各事业部负责人的领导力提升,到 2016 年公司逐步开始形成以客户价值为导向,通过团队合作为客户提供独特解决方案的行业优秀企业,不仅销售额和利润率得到同步增加,而且员工潜能也得到了极大释放。

经营战略措施

经营战略措施的最大挑战是如何在增加收入和提高利润这两个看起来相互矛盾的目标之间找到恰当的平衡点。其中收入增长已经是企业成功无可置疑的晴雨表,每个企业都试图在打开新市场、发现新的客户以及提高收入等方面有所作为;但是战略性增长的实现绝非易事,持续战略增长就更加困难,需要配合战略性生产力的提升,核心是组织能力的培育。

战略性收入增长不仅要考虑业务组合、客户结构和新增客户的目标,还要考虑为了战略增长所需要的生产力战略措施。从利润提升的视角,我们需要回答的问题是:怎样才能在为客户创造价值时也实现公司的盈利?利润提升的核心是将公司的无形资产——员工技能和信息——转化为独特的客户价值,最终转换为公司的财务价值。为此,我们可以绘制公司所在的行业价值链，包括价值创造和价值传递流程，这通常包括运营管理流程、客户管理流程、创新类流程和监督与社交类流程等，唯有在这些流程中比竞争对手做得更好或选择差异化的方式，公司独特的价值主张才能转化为有意义的战略和优势。

提升利润的生产力战略与业务战略之间关系密切，主要包括：优化供应链、提高生产能力、产出最大化、吸引渠道合作伙伴、提高运营效率、加大交叉销售、优化销售流程、联合合作伙伴共同创新、缩短产品开发的时间、建立长久的社区合作关系等。

需要注意的是，战略地图上每个层面的战略措施不需要面面俱到，完美的战略地图是没有什么可再去掉。应遵守简即是多的原则。通过目标排序、寻找平衡、面对现实、聚焦重点等方式将整个地图的战略措施控制在10个以内。

9.3 战略负责人

再好的地图与现实也不会完全相同，地图只是一种参考，现实变化无常，这依赖于人的智慧和行动。制作战略地图的最后一个环节，也是最重要的一个环节，就是设定战略执行的责任机制，确保所有的战略目标和战略措施都有具体的负责人。

在给企业进行战略绩效辅导时，我经常看到大家把战略地图设计得非常好，不仅有内在的逻辑而且美观漂亮，只是没有对每项具体的战略目标明确相应的负责人和项目团队，结果在年底的复盘中发现大量的战略目标都形同虚设。

表9-1 战略目标及战略措施负责人分解表

战略维度		战略主题	战略指标	战略目标	负责人
财务维度	F1	提高客户价值	营业额	12 000	LP
	F2	提高资产利用率	投资回报率	28%	LP
客户维度	C1	优化产品结构	家电产品营业额	7 560	WZ
	C2	提高客户满意度	客户评级	3A	ZJ
内部运营	P1	降低生产成本	制造成本占比	<70%	LL
	P2	提高运营效率	存货周转率	>9	TH
学习成长	L1	吸引和保留员工	员工流失率	<6%	TD
	L2	激发员工创新	改善成果金额	1万元/月	YY

战略目标是否达成的核心要素是责任人和项目团队的选择和培养。过去在选择责任人时，我们信奉的原则是"用人不疑、疑人不用"，但在实践中，我们逐步体会到，随着外部环境的竞争加剧，需要把这句话改为"用人要疑、疑人要用"，才能有突破性的创新。而且只有这样，才能有更大的胸怀和胆略，"不拘一格降人才"。要知道"信"和"任"是两回事，我相信你，但不一定要任用你，因为每个人都有不同的优势、特长和个性；同时用人要疑，是说我任用你，不等于不要监督和管理，反而是责任越高的时候越需要加强监督管理。疑人要用，指的是即便别人跟你的观点不一样，也应该给别人试一试，而不是刚愎自用、固守己见。

在这方面，一家医药公司创始人的反思颇有代表性："到现在我才逐步明白，以人为本、培养人才比发展业务更重要。回想过去我自己用人，几乎都是凭自己喜欢，看谁顺眼、谁听话，就重用谁，完全没有前瞻性的眼光和开放的胸怀。如果过去几年我们就有战略绩效支持系统，有更大的胸怀和格局，能够把人看得比事更重要，我们公司很多优秀的人才就不会流失，而且我们也会培养出更多的人才。过去战略无法执行或者执行不力我总是责怪下属无能，特别是在外面读了MBA回来后，有一段时间简直恨铁不成钢，我甚至恨不得把他们全部换掉，我认为公司之所以搞不好都是因为这些人不行，跟不上我的节奏，理解不了我远大的想法。到今天我才明白，从一开始我就没有把发展他们当成首要的目标，我的眼里只有财务数字。如果再来一次，我一定会把培养人才放在发展业务的前面。"

在选择和培养责任人时，还要注意"责、权、利"（Responsibilty、Right、Return，3R）的一致性。也就是说，既然让某个人负责，就需要明确此人承担责任所需要的相应的权限、配套的激励和约束机制。在辅导中我常常看到，因为"责、权、利"没有达成共识导致战略绩效遥遥无期。其中最关键的是要确保责任人有意愿并且有能力承担责任，唯有责任人愿意并且有能力百分百承担时，才能确保挑战性战略目标得以完成。可以说，选择责任人的关键是选对人，不是选能人。选对人就是不仅对方要有意愿，能够真正理解公司的价值观并和公司价值观保持一致性，同时有能力对所负责的战略或项目承担责任。

在现实中，无论是战略目标或战略项目负责人，还是公司的CEO或事业部负责人，战略绩效不达标或出现问题的频率非常高。经过多年观察，我留意到，那些战略绩效持续达标而且团队士气高昂的战略项目负责人都有以下共性：与公司的价值观和战略方向保持高度一致并擅长向上沟通，有强大的学习能力并能把学习到的知识快速应用到具体的业务实践中，善于分工授权和激励团队，擅长领导团队解决挑战性的问题并把成功经验进行分享以培养更多人才等。

失败的负责人各有各的不同，也有一些共同特征：不恰当或不成熟的个人行为，情绪激动、反应过敏，诚信度、忠实度及真诚度令人怀疑，不能处理压力、做事拖延，出现问题不能承担责任、无法兑现承诺，传播闲言碎语、不恰当的交换信息，不能深入一线、高高在上等；工作关系糟糕、感觉迟钝、生硬粗暴、滥用职权，不关注他人的感受、人们不愿与其共事，不懂感激、出了问题责怪他人；缺乏战略眼光、看不到未来的趋势，为业务的复杂性所困、无法进行基于事实的数据分析，被细节和会议淹没，过于依赖技术技能，不善于时间管理、不能确定优先次序；难以建设并维持一支团队，管理琐碎、不懂授权或赋能，独断专行，刚愎自用、听不进不同意见，不会激励并培养下属，团队士气低落、离职率高，人事决策不力，等等。

当然，为了帮助战略目标负责人取得更大的成功，我们必须给予负责人执行战略所需要的自由空间，包括资源和权限，哪怕从其他非战略性项目中节省下来，也要确保资金、人力能投放到战略目标中。而这一环节的挑战在于很多战略措施是跨部门和跨业务单元的，它不属于任何一位高管的职责范围；因此，战略措施要想有足够的资源支持和持续的行动和跟进，就必须确保每个战略目标都有一位对该战略充满热情的高管发起人，他坚信这个战略措施能获得巨大成功，同时加上较高目标和丰裕资源会激发负责人的责任感，这样他们往往会积极地迎接挑战，最终结果也会超过预期。

此外，从团队的角度看，每个战略目标责任人都领导着一个战略团队，团队成员主要来自业务单元、地区单元和支持单元中的部分人员，他们的责任是确保战略实施所需要的行动方案组合并从战略性支出中获得资金支持。因此，战略团队在选定行动方案组合并配置资源之后，还需要进一步确定完成每个子项目行动方案的责任人，这最好是由现有部门来承担，比如人力资源部会承担战略所需要的具体培训和能力发展项目。

通过对战略目标负责人的高度授权和责任制，公司可以取得战略性行动方案组合的全面执行，同时保证职能部门经理和主题团队执行自己的战略性行动方案的责任。平衡计分卡的创始人罗伯特·卡普兰教授认为，战略团队并没有凌驾于职能或业务单元之上的权利，但他们可以提供看问题的不同角度、优势，从而使更多的团队参与到战略管理中来，参与到对各种问题的评价和对组织绩效影响的评估中来。

将战略转化为绩效并不是某个人的事，而是整个组织共同行动的结果。模糊的职能规划和部门设置，往往会让企业错过战略增长的机会。要实现战略增长和生产力的同步提升，就要以战略为导向，敢于打破部门界限，让各部门通力合作，全力服务战略项目，这也要求简化组织结构，更新合作模式，提高工作效率。

在和许多没有将战略转变为实际绩效的领导交谈时，他们告诉我，自己遇到的最大问题还是责任问题，没有人愿意承担责任。在开会的时候，他们只是坐在那里看幻灯片，好像自己是局外人。他们不会提出任何挑战性问题或直接反馈，也不参与争论，最终这种会议根本不会产生任何有用的结果。人们只是在制定计划，没有人承诺要将这些计划付诸实施，也没有惩罚机制，这种模式只能导致失败。

实际上，在进行战略目标或战略子项目的负责人挑选方面，我们需要的是激烈的对话和深度的回顾，以接触到真正的现实，看清问题的本质，找到根本性的解决方案。为了实现战略目标，团队的每一项任务都应该有人负责落实，整个团队应该公开讨论，而讨论结果应当为具体负责人所认可，贯彻"谁说谁做，谁做谁说；说了就得做，做就做到位"的原则。

需要注意的是，在对话和讨论中应积极地看待冲突。事实上，良性冲突会创造和谐，僵局可以提高决策的质量，而争执和误解也可以使团队更加团结。在战略目标的讨论中，不可避免地会遇到冲突。遗憾的是，有些团队选择不去解决它，他们只关心"任务"，而轻描淡写地绕过了"关系"方面的问题，这样的队员逐步成为"任务狂"。最终，任务可能完成了，但是团队的发展受到了阻碍，创造力和奉献精神受到伤害。而另一些团队，可能会对冲突做出完全不同的反应，他们只关心"关系"，这些人被称为"和事佬"，他会把任务丢在一边，集中精力防止冲突危害到队员之间的关系。这样的团队可能会达到相互依存的境界，对团队的忠诚度也会很高，但坏消息是，他们也不会取得什么成绩。

好的负责人把冲突用做培养关系和促进任务的工具。要开展高效的对话，需要领导者营造一个开放的环境，正如我们将看到的那样，具有共创文化的企业都能深入持久地开展这些研讨：谁来负责某项工作、如何衡量绩效、如何进行责任分配、需要哪些资源（人力、技术、生产、资金等）等，参与流程的人就这些问题展开争论，找出客观现实，得出具体而实际的结论。这样，每个人都表示同意自己的职责，也将为完成自己的任务而开展工作。

团队效率的根本是组织协同。所谓协同，是指通过组织把战略目标分派到具体的部门和责任人，并形成相互支持的执行系统，特别是对一些跨部门、中长期、有着明确投资回报要求的战略目标，比如国际化战略、商业模式设计、技术标准升级、产业链合作等（表9-2）。

表 9-2　跨部门组织协同表

公司战略目标				业务线			NR	总经办
战略维度	战略主题	战略指标	战略目标	营业部	制造部	品质部		
财务维度	提高客户价值	营业额	12 000	R	S	S	I	A
	提高资产利用率	投资回报率	28%	S	S	S	I	R
客户维度	优化产品结构	家电产品营业额	7 560	S	R	S	I	A
	提高客户满意度	客户评价	3A	S	S	R	I	A
内部运营	降低生产成本	制造成本占比	<70%	S	R	S	I	A
	提高运营效率	存货周转率	>9	I	R	S	A	S
学习成长	吸引和保留人才	员工流失率	<6%	S	S	S	R	A
	激发员工创新	改善成果	1万元/月	S	S	S	R	A

RASI：R（Responsible，负责执行）、A（Authorize，签字）、S（Support，参与支持）；I（Inform，告知）

在跨部门的战略目标制定过程中，必须考虑到企业的人员条件和运营过程中可能出现的情况，因此，对人员的挑选和选拔也应当根据战略和运营计划的需求进行。同时，企业的运营必须与它的战略目标和人力条件相结合。最重要的是，企业的领导者和他的领导团队必须亲自参与到执行的流程当中。只有亲自实践的领导者才能真正了解自己的员工，而只有在真正了解员工的基础上，一名领导者才能做出正确的判断。

在给每一家企业进行战略绩效辅导时，我都会花至少 30% 的时间来了解和熟悉每个管理者和核心团队。不一定要一对一访谈或正式面谈，而是在每次工作坊的前后，我会和管理者或战略项目的负责人进行充分的交流，以了解最近的人员变化情况，看看哪些人干得不错，哪些人需要帮助。然后在每次的季度战略绩效会议上,再通过战略目标负责人及其团队成员的深入对话,以更加全面地了解他们的态度、能力和个性风格。这样就为寻找和发现未来战略目标的负责人做好了充分准备。

真正的战略目标并不是纸上谈兵,而是在实践中点点滴滴做出来的。无论怎样计划,一旦到实际中,真正需要的是动态调整的能力。执行力强的组织或个人总会努力找出结果与预期不符的地方,一旦找到这些偏差,他们就会不断改进,直到战略目标和绩效得到提高为止。

共创战略的本质是拥有共同的行动目标,以及为实现它而采取的步骤。实际上,很多企业根本没有自己的战略行动目标,通常只是简单的模仿。共创战略要求实施从战略目标、战略措施到战略负责人等诸多行动。特别是业务战略的转型或重大的技术升级,不只是组织结构的变化,重要的还有观念的变化和人才的挑战。这些都不是某个部门能够面对的,需要高层达成共识。集团越大,参与人数越多,挑战就越大,毕竟,如果只是个人想法或个人行动相对比较容易,但如果要得到所有人的支持就不是一件容易的事。

共创战略之所以难以取得共识,遭遇执行中的困难,主要原因是大家对战略目标和战略措施未能进行深入分析、理解和讨论。特别是战略目标的设定和战略措施的选择,需要对各项战略方案的现实状况、环境条件和风险做出评估和深入研究,如决策之间应如何搭配,部门之间的功能应该如何协调配合,公司战略、职能战略和业务战略如何设定等。只有当人们接受了足够的训练并经常实践的时候,战略才会真正发挥作用。如果只有少数几个人实践的话,是根本不会产生什么实际意义的结果的。共创战略必须成为组织文化的一部分,促使各级领导者的行为水平得到改进。

  共创战略的核心是通过人才发展来支持企业的持续发展。通过完成挑战性的任务来培养人才,而不只是通过人来完成任务。优秀的领导不仅是完成战略任务,而且通过战略目标的完成来培养更多的人才。

第四篇
共 创 绩 效

    审视高瞻远瞩公司的历史时，我们发现它们之所以能够作出最好的行动，不是起因于详细的战略规划，而是依靠实现、反复尝试、弹性执行，或者准确地说，靠调整和适应而得。

——詹姆斯·柯林斯《基业长青》的作者

在以互联网+为背景的草根崛起时代，只靠少数才华横溢的领导者，无法替代大量普通管理层的卓越贡献。"领导不承担，员工不成长"。员工成长是领导者的核心任务，卓越的领导首先是杰出的教练，教学相长、通过建立有效的教练跟进系统，帮助个人和团队从失败中学习，从成功中反思，把单点解决问题的能力上升为系统达成目标的智慧，从而化行动为绩效。

共创绩效，即员工与领导共同创造、共同成长的智慧，领导者并非是传统的高高在上的"命令、指挥和控制"的监管角色，取而代之的是以员工为中心的"赋能、授权和辅导"的教练角色。在绩效目标的制定和行动计划的过程中，员工与领导者通过系统的、定期的绩效跟进充分对话，在实践中不断学习和成长。

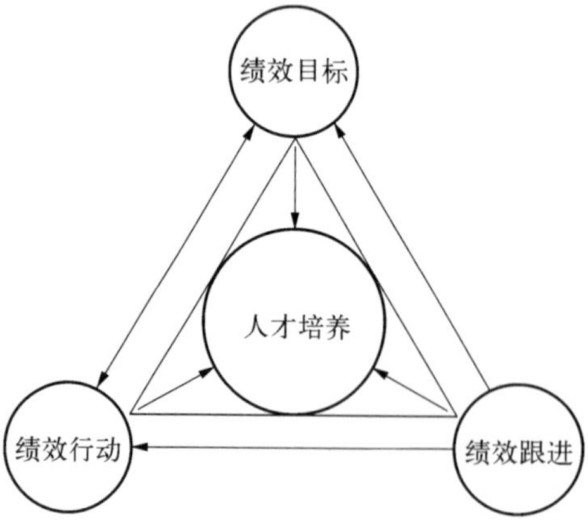

以人才培养为基础的战略绩效行动是一套系统化的流程，它包括对方法和目标的严密讨论、质疑、坚持不懈地跟进以及责任的具体落实。有三个关键要点：绩效目标、绩效行动和绩效跟进（图10-1）。

图 10-1　共创绩效的架构

10 绩效目标

战略负责人把战略目标落实到具体行动并非易事，其中的挑战不仅在外部，更难的是自己。作为一名领导者，你必须充满激情地投入到战略行动中，对企业中所有的人坦诚以待，对企业、人和运营环境有着综合全面的了解。如果不知道如何行动，就是对公司资源的一种巨大浪费。

那些能产生卓越绩效的企业，首先都是行动力很强的企业，有着强大的绩效文化，无论遇到什么困难，他们总是不屈不挠地完成目标。1996年6月管理学家拉姆·查兰在《财富》杂志发表著名文章《CEO为什么失败？》，根据查兰对数十位被解职的大公司的CEO的分析研究发现，战略的缺陷并不是决定性的，没有忠实地执行战略才是CEO下台的关键因素。其中，最大的因素是用人失败，没有选择正确的战略目标负责人，没有及时处理好"人"的问题，特别是没有处理好一些战略项目负责人所带来的糟糕业绩。比如，N公司作为一家新兴的能源企业，产品的主要功能是提高材料的防火等级，解决交通、运输、物流、生产等企业的安全问题。战略方向非常符合国家的政策和市场的需求，但因为人才安排不当，三年来一直处于亏损状态。更严重的挑战是，明明知道人选不合适，企业却无法在短时间内找到合适的人进行替换，导致战略迟迟无法推进。

可以说，绩效只是副产品，人才是关键。卓越领导的目标绝不能仅仅是获得绩效、战胜对手、赢得掌声，而是帮助伙伴以整个团队的成功为己任，赋予工作意义，关注每个人的成长，最大限度地发挥每个人的潜能，实现每个人的最大价值。企业只有在战略行动中把人才培养看得比绩效达成更重要，问题的解决才会稳定而持续。

在帮助一些优秀的大中型企业取得不错的战略绩效后，我开始有机会去为一些成长中的小企业进行战略绩效辅导，由于长期生活在一种言出必践、说到做到的绩效文化中，我理所当然地认为每个企业都能够将自己的战略目标转换为实际的行动并创造卓越绩效，但事实证明我想错了。等做了几次战略绩效工作坊后，我发现很多领导者的战略目标和战略行动之间存在巨大的差距，这不由得让我大吃一惊。这些公司有很多聪明、勤奋的员工，但他们的工作效率却非常低下，不仅没有绩效精神而且也不看重实际的行动效率。表面上看，这些公司也有一些基本流程，如人员选育流程、预算流程和绩效考核流程，但这些流程大都没能产生实际效果，也就是说他们的制度、流程和行动是完全脱节的。很明显，要想帮助这些企业把组织、战略和行动完整地结合起来，我们必须首先帮助他们建立战略绩效体系、培育更多人才、养成绩效精神。

事实上，绩效精神的基调还是来自高层领导，员工毕竟是领导的影子，高层的基调决定了绩效的完成程度。比如，针对质量绩效，很多公司都说质量重要，但有多少公司有质量文化呢？质量文化不仅包括质量意识，还有质量系统。质量绝不只是品质管控开始的，而是与所有人紧密联系在一起的。质量问题通常不是只有一个因素，一般都不单个出错。因此，质量首先是文化意识，是重视度，只有足够重视，才会采取行动。虽然很多人都知道质量管控的一些工具,如"人机料法环"、QC 七大手法、品管圈等,但实际工作中缺乏的并不是工具,而是内在的质量意识和解决质量问题的正确理念。解决质量问题需要科学的精神、中立的态度、平静的心情,不是谁对谁错,而是团结所有人像福尔摩斯一样一个环节一个环节去寻找问题背后的原因。要想真正地做好质量就要像掌握丰田生产方式一样,仅仅学习工具和方法是不够的,必须塑造培养人才、造就忠诚员工和高技能员工的文化,唯有意识和文化才是根本。

在主持 CEO 和部门级的战略绩效工作坊中,我注意到许多企业的战略目标常常不能落实到企业的实际运营中,特别是领导者把很大一部分精力投入到所谓的高层战略中,却没有对具体实施给予足够关注。人们往往只是同意执行一项计划,随后却没有采取任何具有实质意义的行动。对于许多领导者来说,他们的主要问题在于:他们总是认为行动属于战术层面的问题,因为他们认为自己应该把精力投入到"更大的"问题上面。实际上,这种想法完全错了,行动不只是一个战术问题,它更是一门学问、一个系统,它必须充分融入公司的各个方面。这就需要从绩效指标的选择、目标值的确定和增长预算三个方面进行系统规划。

10.1 绩效指标

只有战略地图是不够的,如果不能衡量,就不能改进。设置战略目标并不能让战略自动执行,企业还需要一套方法来评估是否真正实现了目标并向着战略执行的方向前进,这就是战略绩效衡量体系。战略绩效衡量指标是用来评价和沟通绩效与预期成果相符合程度的一套标准。约瑟夫·M.

朱兰博士是举世公认的现代质量管理的领军人物，他曾评论说："没有标准，就没有制定决策或采取行动的合理基础。"知道要衡量什么和如何衡量，将会使复杂的世界变得简单。

设计出良好的衡量指标是一个非常困难的任务。并不是所有的绩效衡量指标都一样好，有效的指标才能指引方向，使员工协同工作，确保职责归属，优化决策，同时可以作为制定资源分配决策的基础。战略大师迈克尔·波特认为，在商业中最重要的是相对绩效，而不是绝对绩效。如果你创建的绩效衡量指标只是对内部预算目标的满足情况的评估，并且结果超出了你的预期，但是你一直落后于竞争对手，那么衡量指标就是无效的。

因此，必须确保衡量指标符合以下原则：与战略相关联、可量化、可获得（绩效数据可以获得）、经常更新（每年）、可持续（不要顾此失彼）、成果导向（所衡量的结果是否具有可行性）、滞后指标和先行指标的组合（先行指标具有预测性，滞后指标是跟踪已经发生的事）、尽量简单。

此外，为了报告衡量指标，每个指标都必须有精确的计算公式，明确识别出数据来源，如已有的管理报告、第三方数据、供应商提供的信息、客户数据库、总账数据等。重要的是不要追求衡量指标的完美，而是跟踪少数简单的指标，整个公司或单个业务单元不要超过15个指标，确保要经常对它们进行讨论和严密分析，从中学到东西，并跟踪你在完成战略方面的进展。

通常，公司层级主要涉及5个关键战略绩效指标：业务增长、现金净流入、利润、周转率、资产收益率。其中业务增长是建立在为客户创造价值的客户满意度和为员工提供发展平台的员工敬业度以及人才与客户相互匹配的基础上的。而现金净流入、利润、周转率和资产收益率是反映了企业的健康指数。

现金净流入是指企业在一段时间内经营活动创造的现金流入总量和现金流出总量之间的差额。利润是指税后净利润，说得具体一点，它指的是公司的销售额、销售成本以及所有都结算清楚之后所剩余的资产，也就是公司在支付了所有费用、利息和税费之后所挣的钱。相关的毛利率、利润率等概念在不同的行业重要性不同，需要结合实际来理解。利润指标反映了企业的赢利能力。周转率描述货物周转的时间长度。存货周转率就是一年中存货周转的次数。该指标反映了企业的运营效率，是一个容易被忽视但极其重要的指标，特别是对于利润率较低的行业而言。也就是说利润率低的行业，周转率就显得格外重要。资产收益率是利润率与周转率的乘积。这些指标从不同角度反映了企业资产的盈利能力。

从战略绩效的角度，对这些战略性绩效指标的关注直接影响公司的经营状况。比如，在辅导一家化工企业时，财务人员发现资金费用始终是公司的重要成本中心，在营业额中占比很大，在仔细进行成本分析后发现通过加快资金的周转，充分利用资金这个最昂贵的"原材料"，可以为公司带来更大的利润空间，甚至这种方式比直接提高利润率更容易，特别是随着营业资金数量的逐步加大更是如此。于是，公司高层开始抽出专门的人对此负责，并把这项工作视为重要的管理职能，同时把这个指标和所有的业务单元的负责人直接挂钩，结果在当年就实现了公司利润翻番。

10.2　目标值

在战略地图中，目标值代表某个战略绩效衡量指标的期望结果。通过将实际绩效成果与预先设定的目标值进行比较，可以获得富有意义的信息。比如，公司的库存周转天数是 10 天，而行业标准是 8 天，主要竞争对手是 9 天，这些数据能带给我们更多的反馈。有了这些信息，如果想要在市场上进行有效竞争的话，就需要缩短库存周转的天数，比如可以设定未来一年库存周转天数达到 7 天的积极目标。有了目标值之后，累积的绩效数据被赋予了意义，可以对趋势进行评价，并制定关于如何确保达成或超越这个目标值的决策。

目标值是强大的沟通工具，它告知整个组织为了实现成功所需达到的预期绩效水平。绩效目标通常可以分为三类：愿景目标、表现目标和行动目标。愿景目标代表组织所建立起来的非常宏伟的目标，主要是作为一种激励进步的强大机制，通常长达 5—10 年。表现目标，也称为延展性目标，目的是让组织聚焦在与愿景和使命相匹配的中期目标上，时间通常为 3—5 年。行动目标通常是一种增量目标，时间通常为一年，年度绩效目标的实现将导向长期表现目标的实现，并最终实现愿景目标。

设定目标是个微妙平衡之举，如果过度乐观，你会发现员工充满怀疑、陷入混乱；相反，满足于现状的平庸目标，则会失去激励团队的黄金机会。实践中，我发现有挑战性且明确的目标会导向绩效的提高。关键是设定目标的方式要由过去由上而下的分派，转向由下而上的自我挑战和由上而下的方向指导的交互模式。但是在选择目标之前，建立绩效目标的基线表现是非常重要的，知道你在当前处于何种位置，将有助于确定所需要改进的幅度和轨道。只有这样，你才能建立起相关的、有意义的目标值。

表 10-1　M 公司 2011—2015 战略绩效目标分解表

战略主题	2010 年	2011 年	2012 年	2013 年	2014 年	2015 年
营业额（亿元人民币）	1.8	2.04	2.74	3.36	3.98	4.1
大客户数量（个）	10	12	14	15	16	18
产品单价（万元人民币）	60	60	70	80	90	90
新产品数量（个）	8	8	9	13	16	20

在实际的战略绩效工作坊中，我们设定战略目标的主要方法是和战略负责人进行双向的沟通，将愿景目标与现状的差距分解到战略地图上的战略行动上，并形成明确的战略路径。如 M 公司在 2010 年年底设定了一个目标。在保持利润率不变的情况下，营业额 5 年（2011—2015）内翻一番。2010 年的销售收入是 1.8 亿人民币，2015 年达成 3.6 亿人民币（表 10-1）。对于这个目标，起初大家只是一个想法，但当把这个目标值分解到三个战略措施上，路径就开始清晰起来。在 2010 年，1.8 亿的营业额主要来自 10 家大客户，每家购买 20 套模具，每套 60 万元，共 1.2 亿；加上 10 家小客户，每家购买 10 套模具，每套 60 万元，共 0.6 亿；合计 1.8 亿。

与目标的差距是 1.8 亿人民币，那这个差距来自哪里呢？通过研讨，大家确定主要来自三个路径：第一，启动大客户战略，调整客户结构，增加并保留高价值的大客户。比如高价值的大客户数量从 10 家增加 18 家，营业额增加 0.9 亿人民币；第二，增加客户价值、提高产品和服务的价格，单套产品从 60 万人民币提高到 90 万，营业额因此增加 0.9 亿人民币；第三，增加新产品数量，交叉销售，增加大客户购买产品的品种数量，这样增加 0.5 亿人民币。因此，如果每个战略措施都能实现设定的目标，那么M公司达到整体目标。当然，这三个战略措施将在不同的阶段带来效益，其中调整客户结构在1—2年内即可达成。增加客户价值，提高产品价格则需要较长的时间，2—3年后才会实现。而产品创新，增加新产品的数量则需要更长的时间。这样，M公司根据实际情况估计，按照各个战略主题实现收益所需要的时间，分别设定一个战略绩效目标。到了2015年，这三项战略措施都达到了目标值，公司的战略目标也就实现了。

当然，为战略主题设定挑战性目标是一回事，而要让事业部总经理或战略项目的负责人接受这些目标并尽可能完成又是一回事。这就需要我们在设定目标的过程中，把目标值的挑战程度与负责人的绩效奖金甚至晋升进行挂钩来激励管理者们接受挑战性的目标值。比如M公司按照目标完成的程度和目标完成的战略主题路径赋予一定的系数：达成率>80%，系数为1；达成率>90%，系数为1.2；达成率>100%，系数为1.3。然后再按照系数与薪酬或晋升挂钩。

表10-2 M公司年度战略绩效目标规划表

战略维度		战略主题	战略指标	2015年度	2016年度	2017年度
财务维度	F1	提高客户价值	营业额	10 114	12 000	16 000
	F2	提高资产利用率	投资回报率	20%	28%	25%
客户维度	C1	优化产品结构	家电产品营业额	5 430	7 560	11 270
	C2	提高客户满意度	客户评级	2A	3A	4A
内部运营	P1	降低生产成本	制造成本占比	<75%	<70%	<68%
	P2	提高运营效率	存货周转率	>8	>9	>9.5
学习成长	L1	吸引和保留员工	员工流失率	<6.5%	<6%	<5.5%
	L2	激发员工创新	改善成果金额	0.5万元/月	1万元/月	1.5万元/月

总之，在进行战略绩效目标设定时，一方面要让数据说话，尊重数据，尊重事实；另一方面要系统思考，用战略地图来帮助思考，实现企业内部和外部、短期和长期、目标和行动等各个维度之间的平衡。把握住这两个方面，战略绩效就开始上路了！绩效数据是非常重要的，所有的评估都要基于绩效预算，必须具有真实性和可行性，这就是我们对待数据的态度。当遇到预测不准确的数据时，需要进行彻底反思，不能只是用希望、用激情来预测，要结合实际、面对现实。当我们开始基于事实来做预测时，预算和方法要做得实在，必须要有记录。需要反思的是：历史数据能作为我们预测最好的依据吗？我们目标预测的依据是什么？只有不断提高对未来的认知、对自己的认知，才能制定出更加准确的目标（表10-2）。

10.3 增长预算

在明确了战略绩效指标和确定了战略目标之后，接下来最重要的一件事就是编制增长预算。战略行动方案与日常运营的活动不同，通常是跨部门的项目或计划的集合，因此要与预算关联，以确保战略目标得以高效的实现。

传统的预算是基于责任中心，如事业部、业务单元、支持单元或职能部门的绩效和职能，预算是分开的。但战略行动却是跨部门的，因此需要给每个战略主题的行动方案组合提供相应的人员和资金。这样就需要经营管理团队或战略管理委员会建立一个指定的或者专用的资金来支持所有战略主题的行动方案。业务单元和职能部门的经理迫于短期绩效的压力，通常会把本来用于长期战略的投资,重新分配给可以提高短期收益的行动方案。如果没有专项资金,经理们可能把战略性行动方案看成是可有可无的事情,结果战略主题的行动方案形同虚设。

因此,公司需要把运营性资金和战略增长所需要的战略性支出区别对待,战略性支出主要用来支持战略的持续增长所需要的预算,包括提升组织能力的培训、建立客户数据库、新产品研发和品牌营销等。战略增长所需的预算可以参考行业标杆,设定一个经验值,如销售额的5%。与传统的预算方式不同,企业通过引进增长预算这个工具,整合预算内容,为实现增长提供相应的资金支持规划出一条清晰路径。在战略增长的过程中,我们需要清楚地知道公司目前实现增长的资金投入占收入的百分比。无论是研发、营销,还是技术升级、自动化、人才培养等,增长预算为企业提供了基本原则、流程以及跟进措施,专用于为增长提供资金支持以促进收入的实现,这可以帮助企业在企业分配上平衡短期利益和长期利益。

11 绩效行动

在战略地图上，我们已经把战略任务落实到具体的负责人和项目团队，而且在绩效目标部分已经为每个战略目标确定了战略绩效指标、目标值和预算，接下来，就需要由战略任务的负责人来制定具体的行动目标和行动计划。

其中，行动目标是指达成战略的关键行动节点、里程碑。要创造战略绩效，需要考虑公司统一的战略行动计划。这种计划的基础是公司的愿景和战略目标，我们需要明确界定在什么时候、在哪里、达到什么阶段性的绩效目标，我们需要付出什么努力，并选择需要投入什么样的资源。最重要的是，我们需要明确的分配工作，把绩效落实到具体的责任人和最终期限。就像2016年G20中国杭州会议所提到的，不能把会议开成"清淡馆"，要把会议开成"行动队"。战略行动是战略绩效中最核心的部分，它既包括做什么，也包括怎么做。

绩效行动主要包括两个部分：目标分解，把战略目标按年度和季度进行分解；行动计划，把战略目标转化为行动计划。

11.1 目标分解

在战略行动目标的制订中，把战略目标按照年度目标和战略维度进行系统分解，逐步把战略落实到每个部门、岗位和个人身上（表11-1）。比如，某个业务部门经理的目标是计划在本年将部门的销售额增加15%，这个时候，他不仅需要考虑他的业务战略，比如从人、客户、产品的维度来计划15%的增加来源，同时还要考虑生产力指标，如何在提高销售额的同时提高利润，并在此基础上制定具体的部门行动计划。可以看到，战略性行动计划与传统做法大不相同，传统做法是只要完成15%的增长，而不管你是自己完成的，还是团队成员完成的；也不管你是通过降价促销完成的，还是通过提高品质溢价完成的。而战略绩效不仅关注结果，更关注完成目标的过程，确保这样的绩效是可以持续的。

表11-1　C公司年度战略绩效目标分解表

目标维度		战略目标	指标	目标	季度目标分解				负责人
					Q1	Q2	Q3	Q4	
财务维度	F1	增加销售额	销售额	1.23亿	3 065.7万	3 004万	3 319.1万	2 911.2万	XL
	F2	稳定利润率	利润率	12%	12%	12%	12%	12%	XL
客户维度	C1	保证QCD	体系	95分	80分	85分	90分	95分	LZ
	C2	增进客户关系	客户满意度	96分	96分	96分	96分	96分	Gd
内部运营	P1	提高质量	品质评级	A级	A级	A级	A级	A级	LJ
	P2	开发新产品	新品数量	6个	1个	1个	2个	2个	ZF
学习成长	L1	完善人才梯队	关键岗位人员胜任率	100%	100%	100%	100%	100%	YH
	L2	提高信息利用	AEO体系达成率	100%	100%	100%	100%	100%	JZ

我辅导过一家跨境电商公司,这家公司下一年的战略绩效目标是在利润率维持不变的情况下,销售额比上一年要增长100%。在工作坊中我和总经理有一段这样的对话:

教练:你的销售额是怎么计算的?

总经理:销售额=流量×转化率×客单价。

教练:还有什么可能?

总经理:销售额=爆款产品的销售额+非爆款产品的销售额。

教练:作为总经理,基于未来的增长,你真正关注的是什么?

总经理:我想想……

教练:好的……

总经理:哦,还可以这样,销售额=∑网站的销售额。

教练:还有呢?

总经理:……我想就这么多了。

教练:你的选择是什么?

总经理:我想想,如果基于可持续增长,我选第三种,销售额=∑网站的销售额。

教练:说说你的理由。

总经理:我发现这3个计算公式代表三个视角,第一种是基于营销的视角,提高流量、转换率和客单价来提高销售额;第二种是从产品的视角,通过提高爆款的数量和金额来提高销售额;第三种是从人才的视角,通过发展和培养更多的站长(网站负责人)来实现业务的增长。

教练:那么你的想法是什么?

总经理：我的想法是我需要关注的是站长，再通过站长去关注产品和流量。我现在已经非常清楚了。

教练：那么你的行动计划是什么？

总经理：我的行动是招聘和选拔6个人当未来的站长。

教练：你的第一步行动是什么？

总经理：建立站长的能力模式、绩效考核指标、目标、激励机制和晋升通道。

教练：具体谁负责？什么时间完成？

总经理：人力资源负责，在明年第一季度完成。

教练：你还需要什么支持？

总经理：我希望在这期间的月度会议上，教练能挑战和支持我们的行动进度。

教练：好的，就这么定了。

总经理：谢谢你，教练！

通过这个案例，可以看到，在综合考虑业务战略和公司战略的基础上，在制定行动计划时，需要重点关注两个要点：第一，选择达成战略绩效目标的价值计算公式，因为不同视角的计算公式，战略行动的措施也会有所不同。比如这个案例中从组织发展的角度来看营业额增长的来源就与过去单纯的财务导向或市场导向的理念大不相同；第二，以人为中心，绩效的本质是发展人，而不仅仅是绩效。在这个案例中总经理从营销视角转换到人才视角是一个巨大的转换，这意味着公司的战略和组织结构都会随之发生变化，整个公司都转变为以发展和培养潜在的站长为中心，并通过创新和复制更多的网站来实现未来的增长。

11.2 行动计划

制定战略行动计划就是从组织角度、以人才发展为导向把资源进行合理配置以完成战略目标的行动过程。而且战略行动计划是由战略目标负责人或部门负责人和团队成员共同参与制定的,充分体现了共创人才的核心思想"谁做谁说,谁说谁做",确保从战略到行动的责任一致性(表11-2)。

表11-2 A公司年度战略行动计划表

年/季度内部运营行动计划表								
序号	岗位	姓名	战略主题	行动目标	行动计划	行动成果	完成时间	跟进人
1	品质经理	LJ	客户评价	A级	1. 提升检测能力:收集客诉样品,培训测试人员 2. 管理客诉:客户信息样板、定期召开相关部门检讨	100%	9—30	XL
2	管理部主管	YH	体系完善	作业遵守度90分	1. 把作业遵守度得分纳入年度考核指标 2. 定期自主监察及各部门相互稽查	100%	9—30	ZF
3	采购专员	HC	采购成本	6.5万	1. 整合现有供应商,降低成本 2. 开发新的供应商、货比三家	100%	9—30	HG
4	组装主管	HQ	组装效率	>120%	1. 每个月改良两个模具 2. 合理利用二线人员	100%	9—30	XL

在具体制定行动计划时,最好能有充分的对话,尽量把对话做在行动前面,不要等目标没有完成再来后悔。在对话中,我们可以提出一些挑战性的问题以帮助团队成员彼此思考,比如:你是否选派了适当的人来负责项目的执行?他们的责任清晰吗?他们是否具备完成这项任务的能力?他们需要什么帮助?你的激励回报系统是否有效?等等。换句话说,我们不能为了做计划而做计划,特别是行动计划,为了确保一次性成功,我们需要对行动计划中的关键环节做好充足准备。

只有当合适的人在适当的时间开始关注适当的细节时,一个组织才能真正落实一项计划。因此,将战略转换为组织的实际行动是一个相当漫长的过程,你必须考虑到各种因素、需要承担的风险以及预期的回报。你还必须跟进每一个细节,选择那些能够切实负责的人,指派给他们具体的工作,并确保他们在开展工作时能够做到协调同步。

12 绩效跟进

战略绩效是一系列连贯性的行动，如果没有明确的行动目标和实现它所采取的步骤，行动计划不过是纸上谈兵。传统战略无法落地一个重要原因，就是碎片化的战略认知无法应对实际行动中遇到的各种挑战和困难；唯有建立有效的战略绩效跟进系统，帮助个人和团队从行动中学习、从对话中成长，持续改善、不断创新，最终创造绩效。

卓越绩效来自持之以恒，行动是一个不断学习和督促的过程，对创造绩效的每个人来说，最重要的问题是：我今天如何比昨天做得更好？在战略绩效达成的过程中，持续的成功不是依靠个人意志，无论是个人目标还是团队目标，只有依赖于系统的支持和完善的体系时，成功才成为常态。

12.1 跟进系统

我们都是环境的产物，如何塑造环境来影响人，才是绩效跟进的关键。

2010年，H集团经历了传统医药业务断崖式的下跌，在转型无望的情况下，集团CEO开始涉足房地产，相比传统医药流通行业，房地产行业不仅机会多而且利润丰厚。由于精力有限，随着在房地产业务中的投入时间逐渐增加，传统业务团队几乎成了垮掉的游击队，不仅业务一落千丈，而且管理一盘散沙，军心涣散，士气低落，人员流失。

面对如此挑战，在经过一次突破性的核心团队建设课程之后，我开始逐步在集团内部导入战略绩效跟进系统，每年进行一次为期三天的集团及各个业务单元的战略目标研讨会，每年四次的季度战略绩效跟进工作坊，另外伴随每个月1—2次的业务单元总经理的1对1的教练跟进辅导。这样我们整整坚持了长达5年（2011—2016）的"1+4+12"战略绩效跟进，其中还加上每次工作前面的访谈、工作坊期间的会中会，工作坊之后的领导力培训。

到2016年在回顾过去的第一个5年规划时，我们发现在不知不觉中，公司的营业额已经翻番，利润几乎实现了3倍的增长，而且人才辈出，不仅销售和采购人才济济，更重要的是培养出越来越多的具有经营能力的优秀总经理。

这就是战略绩效跟进系统的力量，日积月累，静水流深，长达5年的潜移默化，让所有参与工作坊的伙伴都不知不觉中得到了成长。他们学会并自觉自愿地运用如下本领：设定目标、分解目标、制定行动计划、绩效辅导、自我反省、建立激励和约束机制、相互分享、结对子、传帮带、团队培训、人才辅导、客户导向、供应商合作、合作伙伴交流等，从而为企业的发展提供了强劲的动力。虽然过程中也有犹豫、怀疑，特别是在业绩不好、情绪低落的时候，但无论发生什么，战略绩效跟进系统都不曾间断过，绩效跟进工作坊的天数没有因为业绩好而减少，也不会因为业绩差而放弃，而是五年如一日，持之以恒。

无独有偶，在辅导全球最大的日用品公司之一Amway公司时，我再次深刻地体会到绩效跟进系统的力量。

截至2016年，Amway公司在中国有近30万注册的营销人员，分布在中国广阔的地理空间，如何对这些松散合作关系的经销商进行有效的管理和支持，特别是在资源有限的情况下。走进其中，你会很惊讶地看到，Amway公司有一整套完整的绩效管理系统，包括绩效、薪酬、培训、晋升和激励机制等，引导着经销商的自我成长、相互学习和共同成长。经销商的收入不只是来自个人业绩，还有市场开拓、人才培养、系统发展等收入奖励。其中特别重要的是业务系统和公司系统所提供的定期的、持续的多元化终身学习平台，包括必修课、选修课、巡讲、海外进修和旅游研讨等，最终越来越多的普通人因为这个系统而成长为营销精英和商业领袖，又再次优化了这个系统。

可见，绩效跟进是一个双向持续的互动过程，在这个过程中，每个人都会养成一个向上咨询和向下辅导的双向跟进习惯，也就是说人们会主动、定期向直接上司沟通、汇报战略绩效、项目绩效、行动进展等状况，就所遇到的问题和机会进行深入探讨。

在精心设计的跟进系统中，意志力和承诺成为一种选择，你可以把环境看成是合作伙伴，这对很多领导人来说都是一个观念的转变。

在辅导中，一个总经理请教我："怎样才能让团队成员清楚地认知自己、知道自己的优劣势，特别是新加入公司的伙伴和新晋升的经理人，毕竟现在的年轻人都很要面子，说重了怕对方接受不了，说轻了又没用，你说怎么办呢？"

通过几次对话，他逐渐学会了如何在自己的业务单元建立定期的沟通和反馈机制,通过每周和每个月的定期绩效会议和主题研讨会,团队成员之间和上下级伙伴之间都学会了双向反馈,通过"共同成长营"的主题工作坊,让每个参与的伙伴都有机会进行自我反省和接受其他团队成员的反馈,从而形成一个学习型的业务组织。

可见,通过与你的支持系统建立一种关系,使学习与成长定期化,支持和支撑战略绩效目标的实现。如果单纯依靠个人意志力做事,时间长了,人会感觉到身体或精神上巨大的压力,而有了很好的支持系统,事情就会安排得更容易,不仅花时间少,而且压力也会降低。

12.2 跟进要点

战略绩效跟进系统(图12-1),由目标(Goal)、行动(Action)、绩效(Performance)、改进(Improve)组成,简称GAPI绩效改善循环,这不同于过去的PDCA,主要关注事情;GAPI更关注当事人的内在成长,特

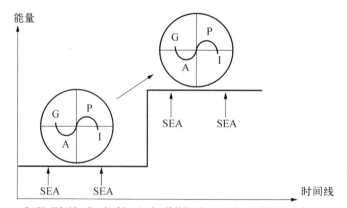

图12-1 绩效跟进系统

别是心智转换和动力激发。这样，绩效就可以从过去的硬推和个人意志力，转变为系统跟进和团队共创。其中主要来自领导者和伙伴的软性支持（Support）、鼓励（Encourage）、问责（Accountability），简称 SEA 成长系统。卓越的支持系统让你感觉做事毫不费劲，成功是一种必然。包含四个要点：对象、主题、时间、方式。

1. 明确跟进对象

战略绩效跟进系统的核心思想是通过设定并完成挑战性的绩效来造就人才，再通过人才造就了不起的产品和服务。战略绩效教练本着"真人、真事、真情景"的跟进原则，在选择和明确跟进对象时，首先需要关注的是与战略目标直接相关的关键岗位负责人和项目团队，也就是战略绩效的负责人。通过战略主题工作坊来持续跟进，不仅需要达成公司战略，更需要重点关注这些人的成长。

在战略绩效跟进中，企业需要把人看得比什么都重要。可以说当战略确定好之后，人即一切的根本。战略绩效在很大的程度上都来自公司平时所招募的员工，是他们改变了整个组织。在这个方面企业犯了不少的错误，很多时候都过于在乎对方的外表、学历、语言或性格等，而忽略了完成战略绩效所需要的一些更重要的东西，比如充满热情、渴望成功、直面现实、解决问题、达成目标等。

我们需要区分的不是业绩，而是人，毕竟事在人为。随着业务的快速发展和技术的突飞猛进，我们不能再精准地掌握所有的任务细节，从而使得我们对人的关注更加重要。

在战略绩效跟进中，我总是提前到所在的公司，先和总经理以及他们的人力资源经理充分讨论人的情况，特别是关键岗位员工的经历、晋升路径、价值观、优点、缺点、潜力、培养前途等等。然后接着讨论他们的绩效、行动、亮点和难点，再通过战略绩效工作坊中的辅导对话，就会对管理者和员工情况有了更加全面的了解，当然有的时候还需要私下接触和沟通。

事实上，要找到一个好的方法发现潜在优秀人才是挺难的。在建立战略绩效跟进系统的时候，需要知道跟进系统的作用之一是企业价值观的建设和宣导。在每次战略绩效跟进工作坊中，我们都会反复强调、阐述和检讨管理者的核心价值观的践行状况，从而让每个人都有机会进行自我评估和接受反馈。特别是对违背公司价值观的员工，即使绩效很好，也要采取措施，比如劝退或辞退，这样才能让大家很清楚公司真正在乎的是什么。这对领导者本人也是一次成长，那就是什么才是真正的绩效。

需要重点跟进的是价值观和绩效都很优秀的人才，而对价值观与公司一致而绩效不达标的伙伴需要进行深入的辅导以帮助对方提高绩效。这种跟进和评估不能仅依赖他们的直接上级，因为时间一长，人们就开始相互说好话，因而每个人都能得到很好的评级，大家相安无事。因此，我们需要通过战略绩效跟进系统定期持续的评估和反馈，来充分了解和发现跟进对象的行为和绩效进展。

2. 确定跟进主题

在确定对象之后，接下来需要确定战略绩效跟进的主题。战略绩效跟进的主题来自业务战略和公司战略。选择主题的依据是与战略绩效强相关，也就是，如果这个问题解决了可以有助于战略绩效的达成，如果不解决则会影响战略绩效的达成。"用数字说话"的意思是主题要符合 SMART 原则（具体、明确、成果导向、量化、有时间线），比如，"三年业绩翻番""进入欧洲市场""引进三名项目经理"等。

战略绩效跟进的主题需要聚焦在最关键的议题和决策上,通常这些决策和议题会影响企业命运。比如,关键岗位人员的选择和任命;分公司或事业部总经理及高管团队的考核、评价和激励;公司战略的选择和战略目标的制定;重大并购、拆分以及业务的剥离;公司财务绩效和重大风险评估;CEO 的继任和培养计划等。

此外,在每次主题工作坊就重大议题讨论之后,要有结论,有行动计划,有明确的负责人,有跟进,有评估。基于战略主题的行动计划需要由主题负责人、上司或人力资源、教练共同确定,三方各保留一份。在下次工作坊中,首先要检讨这些主题任务的完成情况,原则是如果上次的主题没有关闭,就不要启动新的主题。这样有利于聚焦重点、持续改善。

3. 确定跟进时间和频率

战略绩效跟进不是简单地看报告,而是面对面的对话和研讨,这样不仅可以使领导者更加了解自己的业务和团队,找出新的答案和创新思维,而且有利于团队建设和人才培养。因此跟进的时间和频率建议采用定期与不定期相结合的方式。通常是公司有一个定期跟进的系统,事先把跟进的时间都固定下来,然后在这个过程,根据跟进人的特殊需求和战略绩效完成的进展情况进行阶段的增加。比如在 C 集团,战略绩效跟进的频率是每 2 个月一次的集团高层共同检讨的战略绩效进展会议;每年一次的全员团队建设和年度总结;每个季度一次的各个业务单元战略绩效汇报和不定期的高管一对一辅导。

绩效跟进的时间和频率犹如自然界的"春夏秋冬",它是一种生命的节奏,有张有弛,自我进化。跟进的方式可以多元化,跟进的对象和主题也可以动态调整，但系统有节奏的跟进时间却显得特别重要，这不但可以帮助公司养成一个工作和学习相结合的文化，也更加有助于企业文化的形成和升华，就像一年中的各种节日一样，什么时间过什么节。

4. 选择跟进方式

跟进方式比跟进内容更重要。中国文化讲究"天时、地利、人和"，针对不同的对象、不同的主题、不同的时间，可以考虑选择不同的地方，采取不同的方式。通常做年度战略规划或组织发展工作坊等重大主题时，建议可以考虑选择远离办公环境，相对安静的地方，从而创造一个全新的氛围，这是打破坚冰、突破思维的好办法。

在实际的战略绩效跟进中，对管理者和团队来说，工作坊的价值不在于这些书面材料，而在于那些来参加会议的人的头脑和心灵。作为教练，我每次都会做好充分准备，全然放松自我，希望自己能够透过深度对话进入他们的头脑和灵魂的深处，了解他们内心最深处的想法、意图和感受。我观察他们的身体语言，感受他们论证自己观点时的激情和喜怒哀乐，体会他们在实战中遭遇的困难和挑战，确保我们永远"在一起"。我喜欢"积极的冲突"，因为我相信问题的公开、真诚的对话能带来最好的决策。相反，如果一个想法没有经过开诚布公的讨论，没有任何的反对声音，往往会造成巨大错误。

通过这种会议，我们可以开放地了解每个人对公司的看法、对战略的建议。当然要创造一个促使大家开放、包容、积极、负责任的对话氛围是有挑战的。只有日积月累、持续不断的引导和示范，大家才会逐步地融入进来，毕竟大多数人并不习惯在公开场合表达自己的观点。

比如在一次战略会议上，一个上午过去了，谈话只有一半的人参加进来。直到晚上的聚餐，大家才逐步融入进来，因此如果在会议开始之前能安排一些拓展活动，可能会让大家心理更放松。事实上，如何就公司的重大问题达成共识，这不仅是开会，也是高层管理团队的团队建设。

在跟进方式的优化上，人就是一切。每一天、每一年，企业花在"人"身上的时间是远远不够的。我总是不断提醒总经理们，不管在哪个场合，都必须分享我们对"人"的激情。今天，你在他们面前是"大人物"，等他们回到公司，在员工看来，他们就是事实上的"大人物"。他们必须把同样的活力、奉献精神和责任心传递给员工，传递给那些远离 CEO 的人。作为总经理，需要记住的是：在员工所关心的范围内，他们就是 CEO。

除了正式的战略绩效或主题会议，我们建议适当安排一些务虚会议，毕竟团队的彼此了解和合作是完成战略绩效的关键要素。务虚会，也可称为"谈心会"，就是大家畅所欲言，把平时不愿说或者没有机会说的话当面说出来。在这样的座谈会中，被邀请参与的员工，可以自由地谈论对公司的看法，讨论他们看到的一些官僚行为，特别是在申请批复、报告、开会和检查中遇到的一些不愉快的事情。通常，经理人可以不在场，或者会议开始前经理人到场，提出一个重要议题或安排一下总的会议日程，然后他就离开。在经理人不在场的情况下，外部教练启发和引导员工进行充分讨论。员工可以把自己的问题列成清单，认真地对这些问题进行争论，然后准备好在经理回来的时候向他反映。而且要求经理人对每一项意见要当场做出决定。或者在会议中间，遇到一些特殊主题（如向上沟通、权限分配、管理风格、激励机制等敏感话题）需要上司暂时离场时，也可以现场安排"背靠背"的会议，分成两个会议室分组讨论，然后再汇总汇报。

事实上，有无数的灵感和解决方案是在这种定期和不定期的"务虚会议"中产生的。通过这些工作坊，我们再次感受到距离工作最近的人最了解工作，创新往往来自一线。通过持续跟进，我们逐步创建了一种文化，在这种文化中，每一个人都能发挥作用，每个人的创意都有机会转换成具体的行动计划。在这个文化中，领导者是教练而不是监管者，是对话者而不是说教者。

12.3 跟进技巧

绩效跟进的技巧是战略绩效系统中最为实操的部分，也是最具挑战的部分，需要每个领导者反复练习才能掌握。

我们再次强调，绩效跟进的目的是发展人才。在绩效跟进的过程中，核心方向是通过持续的对话和研讨来培养未来的人才。正如图 12-2 所示，真正的领导不是要求下属完成绩效和结果，而是通过持续关注伙伴的工作环境、职业发展、人际关系和情绪压力等来帮助伙伴达成更高的绩效。高效的战略绩效跟进包括三个重要技巧：差距对话、行动跟进、人才培养。

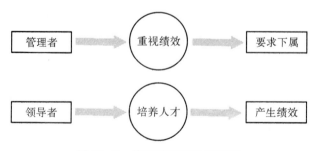

图 12-2 战略绩效跟进原理图

1. 差距对话

差距对话是指就战略绩效指标、目标和实际达成的状况与绩效负责人及团队进行深度对话，帮助当事人对绩效的设定和完成进行复盘和反思，为下一次绩效设定和完成提供事实依据。绩效对话的基础是绩效差距，没有分析就不能做出改变。

什么是绩效差距？差距是目标与实际结果之间的差别，比如销售额目标与实际销售额之间的差别；或者是你和竞争对手之间的差距；也可以是你在战略地图上看到的任何实质性变化。不管差距是增加还是减少，重要的是我们需要对这些变化充满好奇，你会自然地思考：发生了什么？差距的背后是什么？

公司中每个人都有自己最需要关注的绩效数据，特别是数据的变化。当然关注的频率与所处行业的性质有关，比如是科技、工业还是服务业。一般服务业的高层团队每天都会检查他们的绩效数据，但对于大多数生产周期长的制造企业来说，比如与汽车、飞机等配套的制造企业，经理们一般每个月或每个季度才仔细审查一下差距的变化。

哪些需要重点关注？根据经验，我发现虽然销售额和净利润非常重要，但这些数据只是告诉你公司过去的经营状况，而不能有效预测公司未来的发展。比如有一家企业，从销售额和净收入来看，近三年的数据没有什么重大变化，但实际上公司已经正在走下坡路，因为已经三年没有新的订单进来。因此，相比之下，订单的状况、客户结构和人员的变化对预测未来的战略绩效更有影响。比如，订单的数量、订单的内容、每张订单金额的大小以及订单的处理速度等这些变化都需要重点关注。

定期基于公司组织结构进行人才盘点也是个好方法，通常以季度为单位进行人才盘点，这对了解绩效差距有很大的帮助。比如，新项目有人做吗？还是有人没有项目做？战略绩效目标设置合理吗？关键岗位人员的绩效完成情况怎样？有没有因为成本的压力而过度裁员的现象？等等。

此外，毛利润率和流动资金周转率的季度差异也是需要重点关注的绩效指标，它们可以表示一家企业生产力战略的走向。很显然，企业希望这些数字保持高水平并且稳步增长。如果从更长的时间期限上来看，企业需要密切关注员工敬业度、客户满意度、现金净流入、投资回报率、市场份额和净资产收益率等，全面评估企业的健康发展。

重要的是，管理者应该明白，关注差距不是目的，目的是通过"差距对话"来帮助人们发现自己当初的假设、希望、恐惧和担心的真相。在每个季度，我们都会和各个企业的高管在一起，关闭在某个相对安静的地方，集中精力去吃透数据。我们会仔细地听取高管的战略绩效汇报，并逐一审阅、认真分析，勇于质疑数据的来源和背后原因，同时运用高效的教练对话来探讨这些数据的变化趋势以及会引起什么结果（表 12-1）。

表 12-1　某公司季度战略绩效达成情况表

战略性绩效指标（KPI）	2015年目标	Q1 实际	Q1 达成率	Q2 目标	Q2 实际	Q2 差距	Q2 达成率	负责人
原材料占比	<46%	45.72%	100.61%	<46%	42.23%	3.77%	108.93%	ZF
注塑人工成本	<5.1%	5.03%	101.39%	<5.1%	4.87%	0.23%	104.72%	ZF
组装效率	>120%	123.1%	102.58%	>120%	123.8%	3.8%	103.17%	HG
采购成本（万）	21.6	25.03	463.52%	>5.4	13.03	7.63	241.3%	HX
在库金额管控（万）	1 100	1 094.35	100.52%	1 100	1 090.1	9.9	100.91%	HX
物料节省（万）	93.6	8.41	35.93%	23.4	8.3	-15	35.47%	HX

比如，当看到某项成本不断上升但收益却毫无起色，该如何应对？这个项目按预算应该12个月就可以收回成本了，但现在都24个月了，仍然没有动静？这个项目是否有明确的负责人？等等。可以说，在战略绩效中，很多的差距通常与没有明确的负责人有关，也就是说，有指标但没有落实到负责人，导致这项指标没有人持续关注它。

作为总经理或战略绩效教练，你也许并不需要太过于了解那些数据，但你需要对战略绩效的差距保持敏感，特别是对战略绩效差距保持关注，因为数据本身会说话，它们能告诉你目前业务的运行状况、未来方向和发展速度。在战略绩效差距对话中，经常会引发激烈辩论。比如，管理费用与预算相比超标了20%，背后的原因是什么？既然新客户开发的速度达不到目标要求，那么营销预算怎么反而减少了？已经持续两个季度没有达标了，对你来说真正的挑战是什么？要怎么做才能使增速在未来的三年保持25%？是什么影响人才培养速度达不到目标的要求？等等，这些对话可能会令人感到不舒服，但并没有很大的关系，虽然不是每个人都能同意某个观点，但重要的是确保每个参与者都可以发表自己的意见，并能从不同观点中探求真实情况，这是战略绩效指标差距对话的一个重要意义。

比如，我曾辅导一个传统制造企业，在年度战略绩效工作坊中，我和公司一个业务单元的总经理有个简短对话：

教练：……接下来我们重点讨论什么？

总经理：我想重点总结一下去年的经营情况。

教练：好的，去年的战略绩效达成情况怎样？

总经理：不是很好，销售额目标只达成了80%，利润率目标达成95%。

教练：你想谈哪一个？

总经理：我想谈销售额。根据去年的规划，目标没有达成，主要是因为 G20 的影响，一些客户停产；此外一个客户本来会下单的，结果客户工厂的工艺升级了，不再需要外发加工了，导致我的目标没有完成。

教练：哦，除了这两个看得见的影响因素，还有什么看不见的影响因素？

总经理：还有就是我们公司的车间主任去年身体不好，请病假休息也影响我们的生产。此外，去年原材料价格上涨也影响我们的业务。

教练：哦，那如果基于未来，要达成明年的增长目标，你觉得真正的制约因素是什么？

总经理：我想，主要还是"人"。

教练：具体说说看。

总经理：主要还是业务人员缺失，主要业务都是我一个人接单。

教练：其中的挑战是什么？

总经理：很难找到合适的业务人员，即使找到，薪酬也不适合我们，他们能力不强，可是要求的薪水却很高，远远超过我们内部人员的薪酬，这样会让其他员工很不舒服。

教练：那真正需要解决的问题是什么？

总经理：招人。

教练：人从哪里来？

总经理：让人力资源去招。

教练：你觉得把握性有多大？

总经理：我没有把握，其实这种人很难招的，我们是一个细分市场，真正做得好的人很少，即使有，他们也不会轻易跳槽。

教练：还有什么可能性？

总经理：我想想……（思考了很久），除非从我们车间里去找。

教练：车间？

总经理：是的，目前车间里有几个不错的人选，他们不但熟悉产品、工艺、技术、成本价格，而且对我们的客户也很熟。如果他们愿意，我觉得可以，而且他们的薪酬要求也不高。

教练：哦，再多说说……

总经理：这些人都是自己培养出来的，不仅忠诚，而且对公司的文化很接受，如果他们愿意，那是最好的人选。

教练：目前这样的人有几个？

总经理：我想想，总共有5个人选，其中一个年龄太大，不是很合适，进步空间不大；还有一个不太会与人沟通交流，也不行。主要有3个，这3个都可以。

教练：那你下一步的行动是什么？

总经理：我打算和他们好好谈谈，征求他们的意见。同时我们还需要招聘5个新工人，综合素质要好一些，为未来多培养一点苗子。我相信，如果按照这样的路径进行培养，我们的问题就可以从根本上解决。

教练：你打算什么时候开始？

总经理：我马上开始，从明年开始每年都要招聘一定数量综合素质高的员工，从车间做起，通过轮岗、培训、辅导，让更多有潜力的人才能够发挥出来。

教练：你的行动目标是什么？

总经理：我明年就要培养出3名合格的业务人员，然后开发和积累更多潜在客户和"放样"的订单,为明年的增长做准备。

教练:好的,如果小结一下,你发现了什么?

总经理:通过这次对话,我发现重要的不是外部的变化,而是我们应对外部变化的能力,特别是人才培养的能力,过去我过于关注业务,没有关注到人才的重要性,或者我只是需要的时候再去找人,而没有规划人才发展的通道。现在我明白了,人才的事情是不能依赖其他人的,过去我错怪了人力资源部,其实培养人才的第一责任人是我,我不能只是用人,而不培养人。

教练:哦,太好了,祝贺你,通过明确的人才发展路径来帮助员工成长,同时也为战略绩效的增长打下扎实基础。

总经理:谢谢教练,我现在信心满满!

教练:不客气,祝你成功!

通过这个案例,你发现了什么?事实上,在进行战略绩效辅导的过程中,这种案例比比皆是。每个月、每个季度我们都会和不同公司的不同管理者或员工就绩效达成情况进行类似这样的深度对话,特别是对未达成的绩效差距进行分析、反思,找到背后的问题和机会,几乎每次成功的对话之后,我和客户都感受到彼此的成长。优衣库总裁柳井正曾说:"安定才是风险,不成长跟死了没两样。"我们既要鼓励冒险,又要正确地面对绩效差距。

"如果你不知道差距是什么,你就永远都不知道怎样才能获得成功。如果你真的不知道,你就最好不要来参加比赛!"这是杰克·韦尔奇的母亲格雷丝在韦尔奇连续第7场冰球比赛失败后在休息室十分沮丧的时候对他大声说过的话。韦尔奇在他的自传中说,母亲对他的一生影响极大,因为她教会了自己竞争的价值，更教会了他在胜利的喜悦和前进中接受失败的必要。

在绩效对话中，我们不仅要发现机会，更要直面失败，并从失败中学到教训。现在很多领导者只能面对成功却很难面对失败，甚至报喜不报忧，弄虚作假。因此，通过绩效差距的对话要帮助领导者建立真正的自信，勇敢地面对差距！因为自信会给人勇气，不断尝试新的方法，并对结果负责。

可以说，帮助他人建立自信是绩效对话中不可或缺的一部分。当人们没有达到目标的时候，他们最不愿意看到的就是惩罚，这时最需要的是鼓励和自信心的建立，首要的工作是恢复自信心。因此，教练需要为高管们提供更多挑战的机会，让他们做从来没想过自己能做的事，然后在他们获得每一次成功之后，尽可能通过一切方式来奖励他们。特别是在绩效差距的对话中我们要尽量发现其中的亮点并为亮点庆祝，同时把成功的亮点分享给更多的伙伴。

让我们看看，L公司的创始人给公司的总经理写的信："祝贺你在过去的一年中取得的出色成绩。为此，公司给你的奖金上涨了25%。明年你要重点抓下面几件事：1）业务整合。我们不仅要在汽车行业成功，我们还要成功地为医疗企业配套，因此你一定要亲自抓好，并引进外部力量。2）取得初步成功后必须全面铺开，同时找对负责人并培养梯队。3）汽车市场一定还有一个大的增量。我们过去虽然做得不错，但仅限于少数的几个客户，我们需要增加新的客户，从而调整客户结构。4）必须用战略绩效工作坊再打三年的管理基础以强化公司的系统管理。5）必须继续培养人才，挑选潜在的种子继续学习LCP（教练式领导力发展项目），为未来的增长做好储备。6) 我希望你能够再进一步强化技术创新，包括工艺创新和设备创新，特别是设备改造我们很有优势，需要进一步的发挥。

我非常赏识你一年来的工作，我早就知道你是好样的，但是你比我想象的还要好，我希望2017年依然辉煌。你强大的执行能力以及感恩和付出精神非常出众。我期望着为你加油，并且只要你觉得有必要，需要我扮演什么角色都可以——无论什么事，给我打电话就行。"

2. 行动跟进

如果说绩效对话关注绩效目标和实际达成之间的差距，那么行动跟进重点关注的则是具体的行动过程。

俗话说实践出真知。学习有三种主要的方式：第一种是通过看书间接学习前人总结的理论、经验和教训；第二种是向标杆学习，古人云"三人行，必有我师"，只要学生准备好了，老师自然出现，只要用心观察，细细品味，就可以向身边任何比我们强的人学习；第三种是通过反省而学习，就是通过行动后反思、复盘，向自己学习，所谓"一日三省"就是通过每天的反省而获得真正的成长。

正如联想集团的创始人柳传志先生所说："我的感受，最多、最深的还是跟自己学，一件事情做完了，做成功了或者没有成功，尤其没有做成功的，坐下来把当时这个事情，预先怎么定的，中间出现了什么问题，为什么做不到，其中的差距是什么，把这个好好理一遍，再理一遍，下次做的时候，自然这次的经验教训就被吸收了。"行动跟进就是通过行动后的反思、总结而进行提升的一种重要方法，行动跟进的目的是学会自我总结、自我突破、自我超越，只有学会了向自我超越，才能成为一个真正的领导者。

行动跟进是一种学习方法，更是一种行为习惯，是提升战略绩效的重要手段,是绩效精神的重要组织部分,其中包括目标、行动、总结、再行动的持续创新过程。这些年来我们通过持续的行动跟进,使企业家和管理团队的总结和规划能力得到了大大的提升,在年度、季度、月度甚至每天的晨会中,管理者通过回顾和反思当天行动的亮点、难点和改善点并立即采取下一步行动,整个团队度形成了一种在行动中学习的能力。更重要的是可以把做得好的经验沉淀到公司的知识库和流程中,让其他部门共享和后来者借鉴,这样日积月累,企业就会逐步成为学习型组织。

比如,德国大陆集团有一个基于人才发展的行动跟进循环。

(1) 在每一年的 10 月至第二年 2 月启动对话计划,主要聚焦于个人的发展计划、期望和具体目标上;

(2) 在 6—7 月进行跟进对话,主要包括更新员工的发展,初步的绩效和可能的评估;

(3) 在 8—12 月启动人才管理会议,主要包括绩效和潜能的校准,发展计划的提名和继任计划;

(4) 在下一年的 10 月至次年 2 月关闭对话,主要是回顾上一年,聚焦在成果、校准后的绩效和潜能评估的反馈。

在行动跟进中需要面向未来,而不只是总结过去。因为很多公司都花了太多时间去分析过去的项目,研究过去发生的状况,就是没有精力向前发展。过去的事实我们无力改变,未来拥有巨大的发展空间,那才是需要思考的。在战略绩效的行动跟进中,对于未来战略目标的突破和重大问题的解决,我们总是不遗余力地鼓励大家群策群力,贡献更多的好主意。

当然,稳定而持续的盈利不会一蹴而就,在行动跟进中不但要严格把控进程,还要保持一定的灵活性。虽然我们在制定战略行动措施时设定了具体的行动计划，但在实际操作中，调整一些措施或顺序也完全是可行的。尽管适度的创新必不可少，但保持整个战略的完整性和系统性仍然是战略增长的关键。

今天，很多公司最大的挑战莫过于在实际工作中信息失真，高层的战略无法贯彻到一线，一线的执行情况无法快速准确地反映到高层，导致上下不通。虽然现在信息技术非常发达，但重要的是人们的沟通意识和沟通习惯，比如，是否真正意识到团队合作的重要性。行动跟进就是通过定期的工作坊，月度、季度、年度的战略绩效工作坊等，帮公司各个单元和各个层面的成员进行充分的沟通和对话，信息共享、群策群力、共同行动、达成目标。

行动跟进的关键是从行动中学习、在行动中成长。按照生态学原理，一个组织要想获得生存与发展，其学习速度必须大于环境变化的速度。因此在行动跟进中我反复强调"提升解决问题的能力比解决问题本身更重要"，所谓问题、难点就是客户需求和实际能力之间的差距，唯有把所遇到的任何困难和挑战都视为学习的机会，才能突破瓶颈，找到新的方案。

在行动跟进中经常遇到的问题是：亮点不"亮"，难点不"难"。也就是说对行动的亮点展示得不够，对其中的难点分析得不透，更多是走形式，只是就事论事，浮于表面。组织学习大师阿吉里斯和肖恩将组织学习区分为两类：单环学习和双环学习，前者是在既定的组织目标下采取改进措施纠正偏差，是一种"适应性学习"，可以实现对现状的改善；后者则是对目标设定、策略等背后的假设、成见、规则等进行反思，不只是纠正表面的错误与偏差，而是可能重新修正目标、政策、规范以及意图，促进组织内在结构的变革，是一种"创造性学习"。行动跟进就是通过教练的深度对话，帮助伙伴聚焦行动的亮点和难点，把亮点点亮，把难点突破，从而实现双环学习。

大量实践证明，行动跟进是一种行之有效的学习方法，很多战略行动都是充满不确定的，也许是资源有限、时间压力或者需要他人的配合，特别是一些新品开发、技术创新、市场拓展等战略行动的失败概率非常高，如果没有及时的行动跟进，只是等到季度甚至年度再来总结，也许机会已经错失了。因此，及时的行动跟进，每周、每天，甚至每个当下的反思和总结，"不贰过""从错误中学习"就成为一种核心竞争力。

试想，如果每个年度、季度和月度都能针对战略绩效中的亮点和难点展开持续的对话、研究、尝试、参观、学习等，那每个人的成长一定会突飞猛进。亮点虽然是过去的，但可以用来分享、学习和进一步发扬光大；而难点是面对未来的，你的难点可能是别人的亮点，因此，开放的学习和对话是非常重要的。在行动跟进中，刚开始我们也许会发现有很多领域需要加以改进，这个时候只要行动起来就可以了，确保在行动中让自己比过去做得更好。随着经验的积累，问题越来越少，我们的注意力开始转向如何保持成功率，最终，每个部门都形成了一系列的"成功指引"，即将自己的最佳实践记录下来，写成书面的报告，并将它们输入公司的 IT 系统以供回顾。

教练：上个月你的单品销售从 28% 增加到 65%，请问你觉得自己做对了什么？

客户：质量更稳定；客户服务的改善，专人专车；加强内部的沟通，更了解客户。

教练：那一点更重要？

客户：我认为还是对内沟通。

教练：上个月你的对内沟通有什么不同？

客户：之前太书面化，只是信息的传递；以后，增加了面对面的沟通，这样不仅有信息，更重要的是有了情感交流，更能激发团队的动力。

教练：这样做的效果是什么？

客户：团队服务更专业；生产部门的质量更稳定。

……

表12-2　某公司年度战略行动计划跟进表

\multicolumn{9}{c}{年/季度内部运营行动计划达成表}
序号	岗位	姓名	战略主题	行动目标	行动计划	做了吗(Y/N)	行动成果	收获
1	品质经理	LJ	客户评价	A级	1. 提升检测能力：收集客诉样品，培训测试人员 2. 管理客诉：客户信息样板、定期召开相关部门检讨	Y	A级	发现测试人员的测试水平是关键
2	管理部主管	YH	体系完善	作业遵守度90分	1. 把作业遵守度得分纳入年度考核指标 2. 定期自主监察及各部门相互稽查	Y	85分	关键在于就标准要达成深度共识
3	采购专员	HC	采购成本	6.5万	1. 整合现有供应商，降低成本 2. 开发新的供应商、货比三家	Y	7万	重要的是帮助供应商成功
4	组装主管	HQ	组装效率	>120%	1. 每个月改良两个治具 2. 合理利用二线人员	N	90%	发现自己的时间管理能力需要提升

教练相信，要想增强行动的效果，就离不开有效的总结。但是在实际工作中，不管领导者的经验有多丰富，他都不可能看到每个员工在工作中的表现，特别是知识员工的进步。通过事先设定的明确目标和具体的行动计划，可以帮助每个知识员工进行有效的自我管理，也有助于领导者了解团队成员在工作中的实际表现，提供真实而有效的评估和改进意见，最大限度地提升工作的效率，因此，战略绩效教练把行动跟进作为人才成长的基石，可以说没有跟进就没有成长（表12-2）。

行动跟进是战略绩效项目最重要的组成部分，它的作用远远不止在工作坊中，行动跟进是战略绩效达成过程中最有效的技术之一。一个有效的行动跟进花不了多少时间，形式可以多样，几乎可以在任何地方，通过任何方式（电话、Email、微信或视频）进行，却可以帮助团队成员发挥优势、巩固技能、快速学习、激发自信、提高绩效的达成率。

现在，主持"行动跟进工作坊"的能力已经成为领导者的关键能力，在我们辅导的企业里，从总裁到主管、班长都会运用行动跟进的对话技术来促进学习和提升绩效。比如，在每个月度或周会的现场你都会听到这样的对话：

- 从上次会议结束到现在，这段时间你具体做了些什么？
- 你是怎样做的？这与你当初计划的有什么差别？
- 有什么是你当初没有预想到的？从中你学到了什么？
- 如果再来一次，你打算如何调整？
- 你下一步的行动是什么？

行动跟进对话不仅可以提升个人能力，加强明确无误的沟通，而且可以促进并培养团队合作，强化个人责任，确保每个人更快更好地提升战斗力，符合绩效标准要求。在每次行动后，你都可以和团队成员进行这样开放式的对话，坦诚面对事件中的失误，使问题能更具体地呈现出来，发现之前培训和能力等方面的不足，并透过集思广益的探讨，针对问题寻求解决方案及做法，使下一次可以做得更好。这样虽然事情做错了或者绩效表现不好，但做事的人能从中学到经验教训，搞清楚失败的真正原因，找到改善的措施。

3. 人才培养

人才成长是战略绩效的原动力，企业如果忽视对人的培养将寸步难行。建立战略绩效跟进系统的核心思想是：先培养人再考虑绩效。

伴随着S公司从一个小型的地方型的贸易公司发展成为集研发、营销、生产、服务于一体的国际化集团公司，我发现其中最关键的成功要素就是重视人才培养。S集团的主营业务是高科技材料的研发、生产和销售，主要涉及聚氨酯和汽车材料两个行业。客户遍布全球的主要汽车主机厂、配套商和化工产业的下游制造商。截至2016年12月，集团业务达35亿人民币，员工人数近3 000人。S非常重视人才，将吸引人才、培养人才和留住人才作为与业务同等重要的公司战略。

在人才培养中，人才评估是非常关键的一步，人才评估不当会增加公司选人和用人的风险，特别是战略目标和战略业务单元关键岗位人才的选拔和使用，不仅会影响公司的战略、品牌和士气，而且会浪费管理与培训成本，浪费领导的精力和时间等。

同许多大型公司一样，S公司的人员招聘主要通过内部选拔和外部招聘两种方式进行。内部选拔是S公司挑选高层领导的主要方式。S公司的主要高管几乎都是从内部提拔上来的，上任之前他们都在本公司有过数年的工作经验。比如,S集团下属子公司总经理A,在S公司的职业生涯先后经历了技术专员、销售专员、销售经理、事业部总经理、子公司总经理等。

人才培养是一个系统工程。S公司遵循"人才以培养而出,器识以磨砺而成"的育人之道,通过开发每个员工潜在的能力,为员工提供职业发展的机会,帮助员工不断注入新的思想,让S公司充满创新的活力,成就了一支助其快速前行的主力军。S公司设立了完备的员工培训体系,从基层员工到高层领导都是人才培养体系的受益者,都有机会参与相应的培训项目。

S公司在创业之初,创始人就非常重视对员工的培训,创业初期由于贸易公司的从业人员素质和知识结构相对较低,创始人白天做生意,晚上就给大家讲课,包括一些基础的业务和财务知识。除此之外,不仅自己学习,还带动客户共同学习,比如向客户赠送学习光盘、书籍和学习设备等,引领行业发展。

随着公司的发展,集团公司逐步建立公司自己的培训体系,其中包括:新人入职培训、年度全员企业文化和团队建设培训、销售人员的大客户销售培训、技术与研发人员定期的客户技术交流会、基层干部的TWI训练、中层管理能力训练、储备干部的教练式领导力培训、高层领导力培训、集团及子公司的战略绩效工作坊、关键岗位人才定期1对1辅导、企业家团队的海外参观研讨、高层领导的MBA和EMBA的学习、CEO本人的全球游学等。

此外,科研人员发展双轨制。在选拔和留任管理时,S公司对其科研人员晋升采取快速晋升法,以工作业绩为晋升的主要依据,以道德态度为辅助依据。

　　S公司为科研人员提供了双轨职业发展途径——技术专家轨道与技术管理轨道。其中，技术专家分为高级主管工程师、技术副研究员和技术研究员。技术管理分为技术审核、项目经理和技术执行主管。这种双轨途径是在技术人员进入高级水平才进行的。大学毕业生、初级和中级水平的技术人员无双轨升迁可言，只有在评分达到了一定分数并符合相关条件的科研人员才能晋升。S公司设立了专门的科研人员晋升评分标准，从技术知识与判断力、技术行为或决策效果、创造性和创新精神、技术传授和辅助能力、技术管理和技术能力、研究与完成项目的能力、技术领导能力、建议和咨询能力、沟通能力等九个方面进行评分。

　　人才优先于绩效，只有人才能够创造高绩效。事实上，人才培养模式具有"推、拉"两种特征。所谓"推"是把人力资源管理上升到战略高度，推动着企业战略的实施，人力资源管理在确定愿景和战略时紧密结合公司整体发展要求，真正实现对战略的支撑保障作用，突出人力资源管理的战略地位，并从战略高度对企业战略起到"推"的作用。所谓"拉"是指人力资源管理部门从具体而微观的层面，帮助员工设计职业生涯发展通道、个人发展目标，进行工作培训、选拔高级管理人员等，形成一种拉引，拉动其他管理活动。这种拉力来自员工自身内在的发展需求。

　　从以上的案例中，我们发现像S公司这样曾经弱小的小型企业，之所以在资源有限、起点低微、竞争不规则的环境中快速成长起来，主要是源于他们十几年如一日地挖掘和培养人才的机制和文化。与此相反，那些不重视人才培养的企业，领导者经常犯的巨大错误莫过于越俎代庖，花大量时间亲自处理大量的本该下属处理的问题，而不肯花足够的时间发展和培养团队和未来的领导者。

强将手下无弱兵，在人才培养中，优秀的领导人总是能明察秋毫，通过严格的人才评估制度，建立信任和坦诚的文化，树立正确的人才观念。他们善于激发伙伴的工作动机，鼓励并肯定他们开放参与，花时间和精力与优秀人才建立定期的沟通机制，从而持续发现和培养人才。跟随这样的领导者，下属会自动自发地行动并创造卓越绩效。

比如，在一家以外贸出口为主业的服装公司进行战略绩效辅导时，我发现他们的主要客户都是欧美企业，公司发展的瓶颈之一就是会说英语的业务人员太少，公司的很多业务跟单都是通过电子邮件的形式和客户沟通，导致很多客户的隐性需求被忽略，无法很好满足客户需求。为此，我建议公司启动一个"苹果计划"，那就是从当月开始公司营销人员每天的晨会都只能用英语表达，而对英语表达充分的伙伴进行"苹果"的奖励。几个月之后，业务人员的信心大增，主动参加国际展览会，积极与客户进行直接的口语交流，为公司带来源源不断的新订单。

眼下，市场份额、品牌、产品的半衰期越来越短，过去所谓的规模、成本结构、技术诀窍都越来越靠不住，能经得住考验的唯有人才。因此，我们需要深刻反省传统的绩效管理，由于过于关注业绩、关注结果而忽略了发展和培养身边的人才，导致人员频繁更换，组织人心惶惶，每个人自顾不暇，失去团队共创的氛围。

正如 Apple 创始人乔布斯所说，"我的工作并非要与人为善，而是要旗下的精英人尽其才，并不断鞭策他们更上一层楼，对未来产生更为进取的观点和看法，我的工作就是让整个管理团队成为合格的接班人。"绩效跟进的根本是人才培养，确保每次绩效跟进工作坊都有足够的时间进行人才辅导和人才评估。

比如，在一次主题为"完善激励机制"的对话中，我们的对话如下：

教练：今天我们要谈的主题是什么？

客户：我们想谈谈如何改善激励机制。

教练：你说的激励机制具体需要激励的对象是谁？

客户：公司的员工。

教练：具体是哪个层面？

客户：主要是我们的中层管理者，包括各个部门的主管。

教练：我们目前的激励机制是怎样的？

客户：目前我们几乎没有什么激励机制，只是一些基本的收入和补贴。

教练：具体说说看。

客户：目前主管的薪酬结构，是基本工资+岗位工资+绩效考核工资+年底奖金+福利

教练：你说要改善，具体指的是什么方面？

客户：主要是我们不知道目前主管的薪酬与员工的收入相比有什么差距？

教练：还有呢？

客户：我们也不知道目前不同部门主管的薪酬有什么差别。

教练：哦，很好，还有呢？

客户：我们甚至不知道目前主管的薪酬与我们所在地区、相同行业、相同岗位的主管相比，差距怎样？

教练：哦，还有呢？

客户：让我想想……其实，我觉得最需要改善的还是目前我们的主管

做多做少、做好做坏，没有很大区别。

教练：哦，具体说说看，实际的情况是怎样的？

客户：以我们的一个车间主管为例，他的绩效工资占整个工资的20%，比如他的工资为5 000元，他的绩效工资就是1 000元。而我们考核的指标有10个，分别是：离职率、次品率、返工率、验货通过率、交期、产量、工时工价、5S、配合度、产值。我们的评分总共是100分，这样评估下来，做得好与做得差，收入相差不到50元。

教练：哦，你的看法是什么？

客户：通过分析，我发现现有的绩效考核分得太细，一个指标还不到10元；力度不够，做得好做得差没有太大的差别；没有激励性，指标没有没有明确的方向，只是走走形式。

教练：哦，你觉得最需要改善的是什么？

客户：把绩效指标重新制定，同时把绩效与收入直接相关。

教练：具体说说看……

客户：减少指标，聚焦价值，主要就考核三个指标：产值、直通率、单位工资附加值。

教练：哦，很好，还有呢？

客户：我们会和财务、人力资源一起核算和商量如何把这些绩效指标、目标值和具体的激励机制相联系，我想不能只是物质收入，还可以制定一些其他精神奖励，比如旅游激励计划、优秀主管评选等。

教练：你们的具体改善方案打算什么时候做出来？

客户：……我想一周内，我们做出来包给公司审核。

教练：好的，你还需要什么支持吗？

客户：哦，不用了，我知道怎样做了，非常感谢教练的支持，在和你对话的过程中，我学习到很多东西，我发现很多过去都是朦朦胧胧的地方，现在我已经非常清晰了，好的激励机制不仅需要与绩效相关，更需要考虑员工具体的心理需求，包括激励性、公平性、竞争性等，而且从专业的角度，要把激励机制和绩效、晋升、培训等进行系统的思考。

教练：好的，祝贺你！如果遇到任何问题，你可以找我。

客户：好的，谢谢！

通过以上案例，你感受到了什么？可以说，如果没有人才培养，再多的绩效跟进也没有真正的意义。事实上，每次绩效跟进和主题辅导，无论是一对一还是一对多，目的都是要启发对方的独立思考和创新行动。其中，人才培养的重点首先是赋能（empower），所谓赋能就是让员工自主，拥有更多的自主的权力，这样他们会表现得更好，团队的凝聚力更强。值得一提的是，在进行领导力开发和职业规划的辅导时，我们需要特别注重当事人内在的职业兴趣，做到优势发挥和潜能开发相结合。

我在企业实际辅导中经常推荐的测评工具是PXT（完整人测评），这是哈佛大学花费近20年、采用大量的数据调研的结果，他们发现在同样的公司、相同的岗位，有人做得不错，而有人做得一般，真正影响长期绩效的个人因素主要有三个要素：学习能力、行为特征和职业兴趣。其中，学习能力主要是指在压力下，如何通过运用语言和数字来解决问题的能力。通常对一个人能力方面的评估，看的是一个人解决问题的能力、吸收知识方面的能力、面对新环境时的适应能力。而在绝大多数学习、工作和培训场景中，各种信息都是以文字、数字或两者结合的形式呈现的，学习能力指标是所有工作中有效解决问题、高效沟通与持续学习的基础。研究还发现，不同公司、不同岗位对人的学习能力中的三类指标——思维风格、语言能力、数字能力——要求有所不同。有人有很强的语言能力，但数字能却很弱，但另一些人数字能力很强，语言能力却很弱；这样都会导致在岗位升迁或工作变化时带来不同的挑战。

而对绩效影响最重要的因素是职业兴趣，根据心理学家霍兰德的六大兴趣论，六项职业兴趣可以预测个体在不同工作岗位上的激励度和满意度，每一项兴趣定义了一类具有独特工作环境和内容的职业类别。通常有6类职业兴趣，事业心、财务行政、人际服务、技术性、机械性、创新等，其中每个人都有排在前面的三项，而最重要的是第一项，它直接会影响你的关注点。我们都知道兴趣是最好的老师，如果有人前两项职业兴趣是技术性和事业心，则表示他的兴趣在于技术开发或从事与商业有直接关联的工作，比如销售、事业部负责人、总经理等，当然他更有兴趣通过技术来解决商业中的一些难题，无论是大客户销售、技术服务等这类工作都能很好地发挥他的特长。因此，在进行人才培养时，就需要在充分了解对方的职业兴趣，从而更好地帮助员工进行职业规划和绩效发挥。

当然，人才培养并非一蹴而就，它需要一段时间，在充分了解伙伴的性格、背景、价值观、能力、行为特征等基础上，还需要有明确的目标和发展策略。2002年，德鲁克先生在《下一个社会》这本书上曾提到，在知识经济中，组织要超越竞争对手的唯一方法是从同一批人身上开发更多的价值。

人才培养的面相应该是多元化的。在人才培养的过程中，不能仅仅关注伙伴的专业知识和业务技能，更需要关注伙伴潜在领导力的培养，毕竟绩效并非来自个人努力，而是来自与不同人的合作，特别是随着管理者职位的不断升迁和变化，管理者需要沟通和协作的对象就会越来越多，不仅是内部的，更多是外部合作伙伴；不仅是自己垂直的下属，更多的是水平合作伙伴。面对外部的或水平的合作伙伴，单纯依靠权力已经不可能，如何提高非权威的领导力已经势在必行。

因此，在人才培养中，企业需要会花更多的时间和精力来帮助伙伴发展内在的领导力，包括价值观、自我管理、解决问题的能力、完成挑战性的目标、与他人合作、领导团队等，其中最重要的是从自己亲自完成任务到通过团队共同完成任务的内在角色转换、时间分配和胜任新工作所需要的技能提升。伟大公司的各级领导人才层出不穷，主要源于企业对人才的深入了解和系统的人才培养。我们完全可以断言：人才是公司长盛不衰的最为关键的因素，伟大公司始于人才，最终收获的也是人才。

最后，来看一个相对全面的案例，感受一下战略绩效跟进系统的强大力量。

2011年4月，K集团启动第一次战略绩效系统导入会议，由股东、CEO、CFO、总裁助理等共5人参加两天的封闭会议。在会议上回顾了自20世纪80年末90年初创业至今的重要历程，包括硬性的财务业绩和软性的组织文化，有得有失；展望未来，大家更是一片迷茫。当时的气氛非常压抑，因为会议的背景是在经历2008年的全球金融危机后，中国政府虽然通过2009年的4万亿、2010年的10万亿的投资把危机延迟到2011年，但对于K集团这种传统制造业，2011年的境况格外困难。外部客户整体搬迁，向越南、印度、泰国等转移；内部人工、房租、材料、费用等成本快速增长；创业团队成员经过长达30年的拼搏，精力和意愿都已经严重透支，激情不再。企业已经进入生死的重要抉择，是进还是退？

通过深度对话，先从创业团队每个人的生命意图、优势、能力、激情、风格等进行了系统的梳理，找出各自的潜能、才干和卓越点。然后对公司的财务、业务、组织、运营进行了系统检讨，特别是对集团的财务进行了盘点，找出创业团队的顾虑和担心。最后通过区分财务、投资和经营，确立了全垫、部分投资和实业继续经营的初步战略选择。同时对人员进行了初步的分工，并再次梳理了公司的愿景、使命和价值观，提炼出公司新的使命口号，达成高度共识，为下一步的战略会议打下坚实基础。

接下来通过高层战略会议，邀请总经理以上的人员参加会议，就公司的组织结构、业务战略、经营战略、战略地图、战略绩效目标等进行深度的会谈，并启动战略绩效"1+4"的年度和季度战略绩效跟进系统。通过长达三年的艰苦奋斗，终于在2014年底公司实现了业绩翻了一倍，利润翻了三倍的战略绩效。

期间的亮点和难点之多，难以概括。但最重要的是，按照三个重要组成部分——共创组织、共创战略、共创人才——持续开展的学习和改善。具体包括：三次VMV（愿景、使命和价值观）的升级和重新定义、各业务单元客户战略的制定、人才战略的落实、稳健的财务战略、事业部的建立、内部创业、内部分配的激励制度、技术创新基金的建立、经营管理委员会的成立、中高管领导力的培训、团队建设和企业文化的塑造、大客户销售的培训、战略绩效系统的持续跟进、核心高管的一对一、分公司专题工作坊、新增业务单元的团队建设、组织发展项目的导入等。

这家公司的实践，再次验证和完善了战略绩效系统的有效性。也让我们坚信，以人才成长为基石驱动组织发展和企业文化塑造，应对变化莫测的市场环境，是最为稳健而持久的战略选择。

后记

对于企业或组织的成长和发展的轨迹，我始终充满好奇。本着"让企业走得更远"的使命愿景，我们开始对个人、企业、组织、国家甚至世界是如何形成并发展的规律进行长时间的研究。

我很难接受就事论事地讨论企业绩效的好坏，或者用未经验证的抽象理论来确定企业发展各种变量之间的关系。特别是我从 1999 年开始专业从事企业教练的工作之后，透过广泛的授课、阅读、交往和大量的企业辅导实践，逐渐形成了自己关于企业成长与发展的理论基础和教练架构。

在过去 20 年间，我有幸能对不同行业、不同地区、不同阶段的企业进行长期的年度和季度的战略绩效工作坊（SPC）、教练式领导力发展项目（LCP）和组织变革与发展主题研讨会（OD），与企业家及管理者深入讨论并解决有关企业发展的一系列重要课题，如人才发展、组织体系、战略绩效等。

在此期间，我发现过去单纯基于财务数据分析的战略讨论方法有着其内在的弊端，特别是现代 MBA 式的教学与企业的实际成长方式大相径庭。老师不是帮助企业家或管理者阅读各种社会科学理论的重要著作、进行社会经济调查或对社会底层人们生活的关注，而是传授各种计量经济学的工具,以及收集可以检验的数据;或者只是讲解已经成为历史和经过加工整理的所谓的成功案例,把一个综合性问题分解成为一个个专业问题;然后只需专业的方法就可以处理,这种方法意味着培养一批同样思维的专业企业家;而对企业家的天赋和独特性开发得太少,导致竞争同质化,复制满天飞,创新不再,原创不足。

因此我开始尝试把人文、哲学、历史、心理学等领域的理念运用到企业发展的研究中,更加重视企业家和管理者的内在对话,心智模式的转变和世界观、社会观、人生观、商业价值观的反思,逐步形成具有原创价值的企业成长理论。

在观察各种企业所经历的增长与波动中,从2007年开始,我尝试建立一个有效架构来解释企业组织的兴衰,并试图帮助企业构建一个可以持续发展的理论。这个方法论就是将企业家及核心团队的成长与企业的发展融为一体,将企业文化、客户价值和人才发展等三种因素熔于一炉,而"人的成长"是贯穿其中的不变主线。

这种基于"人的培养和发展"的方法论,不仅有效地结合来自心理学、社会学、哲学等内容,也将当下企业家非常关心的经济学与管理学等加以结合。特别是从发展心理学的视角,把企业家的个人愿望和组织成员的内心需求作为企业成长阶段性的动力之一,更是为企业文化的形成和组织机制的建立找到了立足点。可以说这种方法论是本书的根基。

当然,由于时间有限和本人才疏学浅,还有很多地方需要完善和调整,特别是在每天练习太极拳的过程中,我深刻体悟到,"从知道、了解、明白到做到"是怎样一个漫长的过程。还记得从我第一次听到陈氏太极的要领口诀"梢节领劲入妙境,两头卷曲震乾坤",到我真正有所体悟已经是 12 年后的一个清晨。

所谓"梢节领劲",就是通过身体末梢如手指的变化来引发身体的力量和能量的变化,从而达到蓄势待发。这和本书中强调的"以一线员工的成长来驱动组织的健康发展"何其相似!如果说一套太极拳我练习了十几年都未曾领悟其中的要点,更何况多人形成的企业组织,更是千头万绪、错综复杂。加上商业、政治、社会、经济和技术环境瞬息万变,要想真正阐述清楚企业组织发展的内在脉络更是力不从心。

之所以斗胆写作此书,主要是受到中国崛起的感召。"国强须人杰",我真心希望通过这些正在成长中的中小型企业的真实案例,能够给那些正在创业和走在创业路上的企业家和管理者一丝微弱的灯光,如果借此能够温暖和唤醒更多的伙伴创造出更多的伟大公司,心愿足矣!真心渴望能通过本书与大家做更加系统深入的交流,得到伙伴们的智慧反馈。

在此衷心感谢一路上所有对我默默支持和帮助的老师、伙伴和客户。正所谓"教学相长",如果没有伙伴们的无私分享和充满激情的实践,就没有我的进步和成长。书中的每个案例,以及与每个伙伴的心灵对话依然历历在目,无论是充满纠结的讨论,还是满怀激情的梦想,都是那样令人难以忘怀。每次的成功或者失败都是一个起点、一次小结,感召着我一路向前。

我要特别感谢复旦大学出版社的编辑章永宏先生,虽然不像我的第一本书《教练管理》那样谈得很多,但他专业的反馈和直接的挑战依然给了我无限的灵感,特别是他作为学者的批判精神更是让我不敢有半点松懈。透过我们的定期见面,就书中的案例、观点、人物等进行开放交流,我再次体会到共创感觉,这本书中理应融入更多人的智慧。

我还要感谢这些年对我充分信任并给我提供实践机会的杰出商业领袖和卓越企业家们：顾仁发、蔡长乐、蒋建林、武英华、刘方毅、张良华、施绍平、常波、张国林、曹建青、马文波、舒龙启、黄明坤等等，虽然他们未必是赫赫有名的企业家，但正是他们的一线经验和极其接地气的无私分享给了我很多真知灼见和敏锐洞察，也使得本书更加贴近企业的实际。

此外还要感谢对我的管理思想形成有影响的管理大师们：彼得·德鲁克、吴敬琏、厉以宁、罗伯特·S.卡普兰、戴维·P.诺顿、约翰·麦克斯维尔、拉姆·查兰等。在《教练管理》这本书中我重点提到了现代管理大师德鲁克对我的管理启蒙，如果没有彼得·德鲁克的《管理的实践》就没有我的《教练管理》。

而对于这本《共创伟大的公司——成长型组织》，我需要特别感谢的是罗伯特·S.卡普兰和戴维·P.诺顿，他们合著的《平衡计分卡：化战略为行动》对我系统而平衡地看待企业发展有着很大的影响，特别是他们强调的短期和长期的平衡、外部和内部的平衡、财务和非财务的平衡等思想理念。与他们不同的是，我不是从股东视角和客户视角来确定公司的目标和学习成长的目标，而是从"人才培养和发展"的视角来指导企业的发展。也许这充满挑战，毕竟"人的改变和成长"是企业发展中最富有挑战的任务。但好在多年的教练实践，让我有机会帮助企业家和领导者意识和体验到，唯有组织和领导者都以"人才培养和发展"为核心任务，企业才能真正地实现可持续发展。

最后，我要特别感谢汇华教练所有的合作伙伴和长期搭档：刘海琳（Helen）、Sasha Lee、陶琳（Lynn）、Raymand、Crystal等，在无数个充满挑战的项目中他们激情的奉献和智慧的付出，是我得以尽情发挥和完成本书的基石。特别感谢我的助理 Alva 和 Liang，书中的精致图形和表格都得益于他们的帮助。当然，我更想感谢我的家人——我的夫人、父母和儿子，他们是我坚强的后盾，他们无私的爱和全身心的支持是我得以激情投入工作的生命动力。最后，我还要感谢我所有的学生、老师，还有亲爱的读者朋友，衷心感谢你们的支持和包容，以及为此投入的时间和精力，你们的睿智总是不断地在启发我。

参考文献

[1] 格里·约翰逊：Exploring Strategy，商务印书馆2014年版

[2] W.W.罗斯托：《经济增长理论史：从大卫·休谟至今》，浙江大学出版社2016年版

[3] 张文魁：《重构增长秩序》，中信出版社2016年版

[4] 科尼利斯·德·克鲁维尔：《战略：高管的视角》（第4版），世界图书出版公司北京公司2012年版

[5] 周凯歌：《工业4.0：转型升级路线图》，人民邮电出版社2016年版

[6] 《哈佛教你定策略》，远见天下文化出版社2015年版

[7] 亚德里安·斯莱沃斯基：《发现利润区》，中信出版社2014年版

[8] 杰克·韦尔奇：《杰克·韦尔奇自传》，中信出版社2001年版

[9] 沃尔特·艾萨克森：《史蒂夫·乔布斯传》，中信出版社2011年版

[10] 横山信弘：《绝对达成——优秀团队养成术》，北京日报出版社2016年版

[11] 霍华德·舒尔茨：《一路向前》，中信出版社2011年版

[12] 拉姆·查兰：《客户说：如何真正为客户创造价值》，机械工业出版社2016年版

[13] Paul R. Niven:《平衡计分卡演进》,人民邮电出版社 2016 年版

[14] W·理查德·斯科特:《组织发展——理性、自然与开放系统的视角》,中国人民大学出版社 2011 年版

[15] 拉姆·查兰:《人才管理大师:卓越领导者先培养人再考虑业绩》,机械工业出版社 2016 年版

[16] 施伟:《重生——中国企业的战略转型》,人民东方出版传媒有限公司 2016 年版

[17] 迈克尔·马奎特:《行动学习应用》,机械工业出版社 2015 年版

[18] 明茨伯格:《战略历程:穿越战略管理旷野的指南》,机械工业出版社 2012 年版

[19] 道格拉斯·麦格雷戈:《行为科学与管理》,北方妇女儿童出版社 2017 年版

[20] 琳达·哥乔斯:《产品经理手册》,机械工业出版社 2015 年版

[21] 威廉·白翰姆:《培养接班人》,中国人民大学出版社 2001 年版

[22] 哈维·汤普森:《谁偷走了我的客户》,北京联合出版公司 2016 年版

图书在版编目(CIP)数据

共创伟大公司:成长型组织/周华宏著.—上海:复旦大学出版社,2017.8
ISBN 978-7-309-13088-1

Ⅰ.共… Ⅱ.周… Ⅲ.企业管理-研究-中国 Ⅳ.F279.23

中国版本图书馆 CIP 数据核字(2017)第 166029 号

共创伟大公司:成长型组织
周华宏　著
责任编辑/章永宏

复旦大学出版社有限公司出版发行
上海市国权路 579 号　邮编:200433
网址:fupnet@fudanpress.com　http://www.fudanpress.com
门市零售:86-21-65642857　团体订购:86-21-65118853
外埠邮购:86-21-65109143　出版部电话:86-21-65642845
常熟市华顺印刷有限公司

开本 787×960　1/16　印张 14　字数 156 千
2017 年 8 月第 1 版第 1 次印刷
印数 1—4 100

ISBN 978-7-309-13088-1/F·2386
定价:45.00 元

如有印装质量问题,请向复旦大学出版社有限公司出版部调换。
版权所有　侵权必究